U0784027

STEPHEN HAWKING
A Memoir of Friendship and Physics
LEONARD MLODINOW

史蒂芬·霍金：
友谊与物理学的回忆

[美] 列纳德·蒙洛迪诺 著

徐彬 译

CS K 湖南科学技术出版社

列纳德 · 蒙洛迪诺（Leonard Mlodinow）的其他著作

《弹性：在极速变化的世界中灵活思考》
《直立的思想者：从住在树上到了解宇宙的人类旅程》
《潜意识：控制你行为的秘密》
《世界观的战争》（与迪帕克 · 乔普拉合著）
《大设计》（与史蒂芬 · 霍金合著）
《醉汉的脚步：随机性如何支配我们的生活》
《时间简史（普及版）》（与史蒂芬 · 霍金合著）
《费曼的彩虹：在物理学和生活中寻找美》
《欧几里得之窗：从平行线到超空间的几何故事》
儿童图书（与马特 · 科斯特洛合著）
《最后的恐龙》
《泰坦尼克的猫》

当它终结时，我想说：我的一生
我是一个嫁给了惊奇的新娘，
我是那新郎，把世界拥入怀中。

——玛丽·奥丽弗，《当死亡来临》

目 录

前 言 1

1 9   2 26   3 45   4 61

5 75   6 94   7 114   8 137

9 160   10 183   11 208

后 记 226

资料来源说明 233

致 谢 235

前　言

　　我在圣玛丽大教堂跟史蒂芬·霍金做最后的告别，这所教堂位于剑桥老城之中，已经有500年的历史。那是2018年3月。我坐的位置在过道边，当他的遗体从我身边经过的时候，我感觉似乎是最后一次同他攀谈。然而，一具棺材将他与我以及其他哀悼者隔开了。在他来到世上76年后，这具棺材最终也将他与物理世界的危险和挑战隔开。

　　史蒂芬相信，人死后一切都会成为虚空。人类建筑屋舍，创造理论，养育后代，与此同时，时间长河的浪涛将这一切裹挟向前，但是人的肉体则被时间的长河抛在后面。我个人也持这种观点。然而，在棺材从我身边经过的刹那，我忽然觉得，棺木中的他仍然与我们在一起。这是一种奇异的感觉，让我有些恐惧。理智告诉我，史蒂芬短暂的生命已经终结，而我的生命，不久也会终结。物理学告诉我，有朝一日，不仅仅是我们所珍视的物品，而且包括我们意识到的一切存在之物，都会消失。我知道，即便是我们的地球、太阳以及我们的银河系，在宇宙中存在的时间都是有限的，在大限到来的时候，一切将归于尘土。然而，想到永恒的未来，我还是在内心向史蒂芬表达了我的爱以及美好的祝福。

我低头看了一眼葬礼的安排表，上面印有史蒂芬的头像，他一脸满足的表情。我想到了他的力量所在，想到他对其他人表达肯定时露出的笑容，以及表达不赞同的时候做出的怪相。我想到了我们曾共度了很多美好的时光，沉浸在我们都热爱的事业中。我想到了当我们谈起一些特别出色的点子，或是我从他那里又学到了新东西时所体会到的满足感；此外，我也想到了有时候我竭力想说服他，而他绝不退缩，让我无可奈何的情形。

史蒂芬虽然身体不便，但他善于搅动物理学世界，善于向公众介绍物理学知识，在这些方面他举世闻名。但是，公众可能意识不到，对于一个无法行动，而且甚至无法说话的人来说，维系一段长期的友谊，建立深厚的人际关系，以及寻找到自己所爱的人，有多么困难。史蒂芬知道，滋养他，并让他保有对生命的热爱的，不仅仅是他的物理学，也有人与人之间的关系和爱。而且在这方面，他也非常成功，超出了一般人的预料。

葬礼上有些亲友的悼词提到了一件不无讽刺的事：史蒂芬不相信上帝，但其葬礼却是在教堂里举行。在我看来，这完全说得通，因为虽然史蒂芬坚信科学定律主宰着自然界的一切，他同时也是深深相信灵性的。他相信人类具有灵性。他相信，每个人都有情感和道义上的灵性，这使得人与其他动物区别开，也使每个人和他人区别开。一个人，如果相信人的灵魂并不是某种超自然的产物，而是大脑的产物，这么做并不会贬低其内心的灵性。为什么会这样呢？对于史蒂芬来说，他其实既不会说也不会动，他只有他自己的灵魂。

史蒂芬喜欢说:"我这个人最好的品质就是倔。"对此,我无法反驳。这份"倔劲儿"使他能义无反顾地研究他所研究的观点,那些观点当初看起来没有什么前途,而且很多人对之不屑一顾。这份倔强也使他的灵魂能在一个不自由的皮囊里自由地起舞。史蒂芬的寿命已经超出了给他治疗的几乎所有医生的预期,但是在2018年3月14日,这颗恒星还是燃尽了。

此刻,我们都来跟他说再见。他的家人、朋友、护士以及同事都来了。他长我13岁,很多人觉得他几十年前就支撑不下去了,而且他经常因肺部的致命感染而入院。但是在我心里,我一直都觉得他会活得比我更久。

• • •

我是在2003年他联系我之后才认识他的。他问我能否考虑跟他合作撰写科普书。他读过我写的几本书,包括《欧几里得之窗》,讲的是弯曲空间,以及《费曼的彩虹》,讲的是我跟费曼这位传奇物理学家的私人交往。他说他喜欢我的写作风格,另外,他注意到我也是个物理学家,所以我能明白他研究的内容,他特别看重这一点。当时我无比惊讶,感到受宠若惊。随后的几年中,我俩一起合作写了两本书,而且成了好朋友。

我们合作的第一本书是《时间简史(普及版)》。那本书并不是从头开始写的,而是基于史蒂芬此前出版的科普名作《时间简史》进行改写和更新。他之所以这么做,是想让《时间简史》更易懂。加州理工学院的理论物理学家基普·索恩也是史蒂芬的密友，他曾跟我说，一个人懂的物理学越多，就越读不懂《时间简史》。史蒂芬则从另一个方面表达了大约同样的观点。他说："这本书人人都买，读完的却屈指可数。"

后来，《时间简史（普及版）》在2005年出版，当时我在加州理工学院任教。史蒂芬住在英国，但是他每年都来加州理工，一般一次住上2到4周的时间。借他学术访问的这些时间，外加电邮往来，就足以让我俩完成该书的写作。这本书，以及《果壳中的宇宙》，还有其他几本书的内容，都是基于他在20世纪七八十年代所做的研究。但是在《时间简史（普及版）》出版之后，我们决定一起再写一本书，题目为《大设计》。这本书计划谈一谈他最近一些年的研究成果。我俩计划从头开始，介绍他还未跟公众细说过的一些新的理论，此外这本书还将涉及一些非常棘手的问题，比如平行宇宙的理论，这一理论认为宇宙可能是从虚无状态中产生的，而且自然法则似乎恰好按照生命存在所必需的各种要求对宇宙进行了优化和调整。很明显，这次的写作跟《时间简史（普及版）》完全不同，是从零开始，因此我们需要拿出很多时间面对面地工作，所以我定期从美国加州飞到英国剑桥，和史蒂芬一起写作，直到我们在2010年最终完成此书。

• • •

史蒂芬职业生涯的大部分时间都用在完成爱因斯坦未竟的事业上。1905年，爱因斯坦提出了我们现在所说的"狭义相对论"。当时他25岁，一边从事专利审核的日常工作，一边业余从事物理研究。相对论揭示了自然界许多奇异的秘密：距离和时间的测量是相对的，取决于观察者；物质是能量的一种形式；没有什么能比光移动得更快，如此等等。但该理论有一个问题：狭义相对论没有直接解决引力问题，但它规定了宇宙中速度的极限是光速，这与牛顿的理论相矛盾。在牛顿的理论中，力的传播是瞬间实现的——也就是说，是以无限快的速度传播的。

爱因斯坦一直在研究这一对矛盾。是相对论必须做出改变？还是必须放弃牛顿的引力理论？事实证明，这两方面都要进行改变。他花了10年时间研究这个问题，其间从专利局辞职，并陆续到伯尔尼、苏黎世、布拉格和柏林的大学任教。

1915年，爱因斯坦完成了他的新理论，即"广义相对论"。这是对狭义相对论的一次全面的修正。广义相对论是狭义相对论的延伸，其中明确地考虑到了引力的影响。

广义相对论与牛顿理论的诸多不同之处之一，是它纠正了牛顿理论的一个原则，即引力是瞬间传播的。根据广义相对论，引力以类似于光波的形式传播，传播的速度是光速，因此遵守狭义相对论的速度限制。具有讽刺意味的是，尽管当初爱因斯坦建立广义相对论的推动力之一就是对引力的传播做出令人满意的描述，但引力波却是他的这一理论最后被实验证实的一个效应。顺便说一下，由于对引力波实验的"决定性贡献"，基普·索恩与他人分享了2017年的诺贝尔奖。

为了解释行星为什么会绕轨道运行，以及物体为什么会下落，牛顿想象宇宙中存在一种力，他称之为"引力"。引力作用于所有物质，使其相互吸引，并导致物体的路径偏离它们的"自然运动"方向，即沿着直线运动。爱因斯坦向我们表明，牛顿理论所描述的只是一个近似的图景，其背后存在一个更深的真理，根据这个真理，引力现象可以用一种截然不同的方式来描述。

根据爱因斯坦的理论，物质和能量并不是通过力的作用而产生吸引力。相反，它们只是导致空间弯曲；而空间的曲率反过来决定了物质如何运动以及能量如何传播。物质作用于空间-时间，空间-时间也作用于物质。正是这种相互作用使得广义相对论的数学计算变得非常之难。为了建立这一理论，爱因斯坦必须学习和掌握一门在当时还很模糊的数学，研究弯曲空间的非欧几里得几何。在他努力完善广义相对论的10年时间里，爱因斯坦不得不反复进行尝试和试错，假设该理论可能具有的形式，计算他临时理论的结果，并对自己的想法提出批评。

在通常的情景下，牛顿的理论提供了一个很好的近似结果，因此，过了好几个世纪才有人注意到其存在缺点。但是在高速区域，或者物质和能量高度集中的区域（因为这样的区域引力很强），人们就不能使用牛顿的理论了。

如今，狭义相对论被应用于物理学的许多领域，但是，只有在有限的情景下，我们才需要使用广义相对论来解释。其中最重要的两个情景是关于黑洞和宇宙的起源。几十年来，这些理论似乎都遥不可及，根本无法进行实验来验证。人们认为，早期的宇宙是极其遥远的过去，对其进行研究很难做出成果，而且，就连爱因斯坦本人也不愿意接受黑洞理论，认为它们只是数学计算所产生的奇特结果，不会是真的发生在自然界的现象。结果就是，在爱因斯坦1915年发表广义相对论论文之后的半个世纪里，这些观点基本上都无人问津，广义相对论被淹没在科学的死水里。

不过，物理学家们普遍持有的想法没阻止史蒂芬。他的第一部著作实际上是一部与他人合著的专业书，题为《时空的大尺度结构》(*The Large Scale Structure of Space Time*)，主要是关于弯曲空间以及描述它的数学的。读大学时，我读过该书的大部分，感觉其内容引人入胜，但是该书内容较为艰深，需要细嚼慢咽。有时读懂一页书可能需要一个小时或更长的时间。

黑洞和早期宇宙这些内容都令史蒂芬着迷，于是他把有关的物理学作为自己的主要研究领域。他早期的工作对其他一些研究者产生了巨大的影响，并引领了沉睡的广义相对论的复兴。他后来的发现涉及相对论和量子理论之间的相互作用，这些发现帮助创立了"量子引力"这一研究领域。

史蒂芬的一生都献给了这些思想和现象。他证明，这些话题值得研究，并且他从未止步，一直致力于寻找新的发现。经过40年的思考和努力，到史蒂芬决定写《大设计》的时候，他相信自己终于找到了职业生涯开始时所遇到的最棘手问题的答案——宇宙是如何开始的，为什么会有宇宙，为什么物理定律是这样的？我们写《大设计》的目的，就是向公众解释他所给出的回答。

• • •

你如果准备和某人合作，共同做一个你所热爱的项目，你俩的思想必须相融相通。而且幸运的话，你们的心也将变得相融相通。通过这场合作，我们成了朋友。一开始，我俩只是个"智慧联盟"，其后，这种共事关系变成了一种私人关系。我一开始感到很惊讶，但又认识到其实本不该为此感到惊讶，因为史蒂芬不仅在寻找宇宙的秘密，他还在寻找可以分享这些秘密的人。

史蒂芬小时候常被其他男孩欺负。他的一位高中同学说："他个子小小的，看起来像只猴子。"成年后，他被囚禁在一个失去正常机能的身体中。他以幽默对抗他人的霸凌，以内心的力量对抗身体的残障。凡是了解史蒂芬的人，都无法不被他强烈的个人品质或他在科学上的慧眼所影响。本书接下来将分享我和史蒂芬一起工作的经历，以及了解他并成为朋友的经历。我希望能在书中阐明，是什么让他成为一个如此特别的物理学家，以及如此特别的一个人。他到底是个什么样的人？他是如何应对疾病的？他的残障之身是如何影响他的思维的？他对待生活的方式以及对待科学的方式，有何特异之处？是什么启发了他，他的想法最初是如何产生的？他主要的科学成就是什么？这些成就在整个物理学中处于什么位置？理论物理学家到底在做什么？他们是怎么做的？以及他们为什么要做这些研究？

随着我和史蒂芬一起工作的时间日渐增长，我对所有这些问题都有了新的看法，这也包括那些我本来就有自己看法的问题。我会在本书中回顾我们在一起的时光，重温他生活中的亮点，并跟大家分享我所学到的东西。

1

我想我大约是个见过世面的人，一般情况下，任何新奇的事物都不会让我看得发呆。但是2006年，我刚到剑桥的时候，我真的看呆了。当时是夏天，史蒂芬·霍金64岁。后来好莱坞拍了一部有关于他的电影，里面的很多生活细节和真实的霍金并不相符，不过，那部电影里关于剑桥的细节看上去却很像哈利·波特系列电影中的学校。的确，剑桥大学像极了霍格沃茨。大学城的外围不是那么有魅力，历史也没那么悠久。但是我很少走那么远，日常活动几乎从不出老剑桥的范围。这里也是当年牛顿熟悉的地方。在老剑桥，石头铺就的街道和石桥总是随时随地地出现在你的面前。剑桥大学的大部分位于老城内，跟中世纪的教堂和墓地混杂在一起。老城建有高墙，防止城外的人骚扰攻击里面的大学生。城内的人行道窄窄的，常见的砖铺的街道也几乎一样窄。城内的街道就像一盘意大利面条那样弯弯曲曲，杂乱地盘绕在一起。

不过你要是知道，剑桥大学是800年前建的，比笛卡尔发明直角坐标还要早几个世纪，你就明白为什么这里缺乏规划，布局混乱了。即便是有800年的历史，这里的"老"也只是相对的，因为早在史前时期就有人住在如今的剑桥地区。这所大学包括31所半独立的学院，超过10万人住在大学城内。

剑桥大学虽说看起来像霍格沃茨，但它们之间存在一个根本的不同：这里所上演的魔法都是真实的。在这里的一个院子里，牛顿曾为了测量回声和声速在院子里跺脚；这里有麦克斯韦建立的实验室，就是在这里，他破解了电和磁之间关系的秘密，而J. J. 汤姆孙则发现了电子；这里有沃森和克里克过去经常光顾的酒吧，他们会在那里点上杯啤酒，聊一下遗传学；这里还有欧内斯特·卢瑟福（他解开了原子结构之谜）精心进行实验的地方。

剑桥大学的师生理所当然地为自己学校的科学传统感到自豪，而对于更注重人文学科的牛津大学，他们将其称为"另一所大学"。史蒂芬的系主任告诉我，他和史蒂芬一样，都是在牛津大学读的本科，他的教授那时候会布置他们写关于科学问题的论说文，而不只是一般的课后作业。来到剑桥工作之后，他曾试着布置学生写同样的论说文，但是学生们没有一个老老实实交上来的。这些学生都是科学的死忠派，而且即使他们中有人命中注定要获得诺贝尔奖，也决不会是在文学领域。

我去的时候，史蒂芬让我住在他所附属的冈维尔与凯斯学院（Gonville & Caius）[1]，这所学院位于老剑桥的一个院落里，其历史可以追溯到14世纪。头一次来到剑桥，第一天我

---

1 Caius 发音像 "keys" 的发音。

决定从那里步行到史蒂芬的办公室。虽然路上只花了20来分钟，但是那天阳光火辣辣的，非常晒，另外我也不习惯潮湿的天气。史蒂芬一直很喜欢加州理工学院所在的南加州冬天的天气。在那里，他的肺部很少感染。相比之下，他非常讨厌剑桥的寒冬。这会儿，我身处剑桥，才发现剑桥的夏天也不怎么样。英国人常常抱怨天气，如今我知道了，他们这么做的确有道理。

好不容易走到数学科学中心（Centre for Mathematical Sciences），此时我已经迫不及待地想进入室内了。史蒂芬的办公室就在这里，但是那间屋子很难找到。该中心由7座楼组成，呈抛物线状排列。建筑材料包括砖、金属和石头，窗户很大，外面看起来既有未来主义的感觉，又有点像日式寺庙。我喜欢这些窗户的设计，而且窗户有很多。这个综合体获得了不少设计奖，但是要我来评判，如果设计元素里能包括写着"史蒂芬·霍金办公室"的箭头标志就更好了。

史蒂芬所在的楼毗邻一幢叫做"艾萨克·牛顿"研究所的老建筑。如果你知道了史蒂芬，那么牛顿的名字也会经常冒出来，因为人们爱把他跟牛顿相提并论。不过这一点挺讽刺的，因为史蒂芬不喜欢牛顿。牛顿会为一些鸡毛蒜皮的小事动辄与人争吵，而且他掌权后滥用权力，打击报复他人。他拒绝分享自己的任何发现，从不承认自己受到了他人思想的影响。他还缺乏幽默感。牛顿有个亲戚，曾给他做了5年助手。那人说，5年里他只见牛顿笑过一次，而那一次笑是因为有人问他为什么有人会想研究欧几里得几何。我读过几本关于牛顿的传记，虽然书名各不相同，但其中的任何一本都可以起名叫:《艾萨克·牛顿这个坏家伙》。

比起史蒂芬对牛顿性格的看法，另外一个让他不喜欢牛顿的更重要的因素是，上高中的时候，史蒂芬对学校里所教的牛顿物理就已经厌倦了。对科学家来说，让他们倍感兴奋的是科学发现，比如揭示出一种从来没有人见过的行为，或者达成一种新的、此前从来没有人能有的理解。但是，由于牛顿定律描述的是日常世界中的现象，而且这些定律已经有几个世纪的历史了，所以高中物理课上就没有什么新鲜的东西了。在高中的物理课上，老师会用牛顿定律描述钟摆的摆动，或是预测台球碰撞时会发生什么情况。从史蒂芬的角度来看，从这样的例子中，他得出的见解似乎是：有趣的人玩台球，物理学家则针对这事儿捣鼓出个方程来进行计算。所以，史蒂芬上中学的时候对物理不太感兴趣，对这门课缺乏耐心。他更喜欢的是化学。至少，做化学实验的时候，能经常搞出个爆炸来。

史蒂芬所在的数学科学中心楼内有应用数学和理论物理系（Department of Applied Mathematics and Theoretical Physics），人们亲切地用它的缩写，称它为"DAMTP"[2]。后来DAMTP变得举世闻名，是因为霍金在这里工作。

史蒂芬所在的楼只有三层，楼梯绕着电梯井盘旋而上。我顺着楼梯来到了二楼。这座建筑里轮椅可以通行。要是遇到有的建筑轮椅无法进入，史蒂芬就会生气。也因为这一点，他很喜欢加州理工学院：1974年，他接受邀请，在那里做一年的研究，为了欢迎他到来，加州理工学院对整个校园

---

2 估计是因为这个缩写读起来跟"弄湿"（damped）接近，故而有这样的戏称。——译者注

都进行了无障碍改建。大家要知道，在美国，直到1990年通过了《美国残疾人法案》(Americans with Disabilities Act)，这种设施才变成必须的。

我走到楼梯口，往左拐，正对着的就是史蒂芬的办公室了。办公室的门关着。我不知道门关意味着什么，但很快我就会明白的。这是我第一次来到他的地盘上，想到这一点，我多少感到有点紧张。

我朝着史蒂芬办公室的门走去，此时，他的"宫廷侍卫"出来拦住了我。她的名字叫朱迪思。史蒂芬的办公室位于建筑的一角，而她的办公室就在旁边，紧挨着史蒂芬的。她站在我和史蒂芬的房门之间，挡住了路。朱迪思长得人高马大，50多岁，体格健壮，性格豪爽。她年轻的时候曾在斐济工作了4年，尝试开创了艺术疗法，这是一种对精神病罪犯电击的替代疗法。她的一个病人曾在犯病时割下了亲生父亲的头，但没用几周的时间，她就让他拿起蜡笔，画起棕榈树来。想想看，她连那样的精神病人都能搞定，搞定我肯定不在话下。

"你是列纳德吗?"她问道，话音中气十足。我点了点头。"很高兴见到你本尊，"她说，"只要等几分钟就好。史蒂芬在沙发上。"

"史蒂芬在沙发上。"这话是什么意思呢? 要是我，我会在沙发上睡个午觉，看看电影。不过，我觉得此时这句话不是这个意思，但是我也觉得马上就去问出个原委有些不礼貌，所以我只是点了点头，好像有人说当一位世界闻名的大科学家在沙发上悠哉游哉消磨时光的时候，让我在门外等着是再正常不过的事了。

虽然此前我跟朱迪思未曾谋面，但我跟她通过很多封电邮，也通过电话。我知道她在史蒂芬的世界里是一股重要的力量。当你要求和史蒂芬见个面时，决定他是否有空的是她。当你给他打电话时，接电话的是她，把电话拿给他（或者不拿给他）的也是她。当你写信给他时，是她决定是否转寄这封信，另外，如果信的内容比较重要，她还会决定是否要读给他听。我听说，只有一次有人战胜了她，那一次，史蒂芬是在南非，要去看望他非常钦佩的纳尔逊·曼德拉。曼德拉当时大约90岁了。这位老人家一点也不懂技术，而且不知出于什么原因，看到史蒂芬是用电脑替他发音说话，曼德拉似乎受到了惊吓。他那时身体不太好，很虚弱。史蒂芬说他"有点老不中用了"，这话说得挺讽刺的，因为史蒂芬本人那天也不舒服，差点没能赴约。那次朱迪思是随行人员之一，她很想亲眼见到曼德拉，所以她想方设法让史蒂芬能赴约，并且跟他和他的看护人员一起前往。但是曼德拉也有自己的"朱迪思"，一个叫塞尔达的女士，当史蒂芬和他的护理人员被领进一个房间去见曼德拉时，塞尔达上前拦住了朱迪思。塞尔达断定，对老人家来说，来访的人数太多了，所以她不让朱迪思过去。赛尔达用的正是朱迪思的手段，诚可谓"以其人之道还治其人之身"。

我母亲常说："心中有想法，做事有办法。"她有很多这类金句，但这一句尤其有道理。其实，每个安全系统都有自己的弱点，史蒂芬的系统也不例外：它有一个后门。他会给朋友一个特别的电子邮件地址，这个邮箱是他自己直接收取阅读的，如果你知道这个地址，就可以绕过朱迪思直接联系上史蒂芬。问题是，他通常不会回复邮件，就连史蒂芬几十

14

年来的好朋友、美国理论物理学家基普·索恩都告诉我，史蒂芬只有大约一半的机会会回复他的电子邮件。不回信并不意味着史蒂芬没有读过信，但问题是，你永远判断不出来他究竟是没有读还是仅仅没有回复。在他读了信的情况下，你是否能得到答复，并不取决于这个问题对你有多重要，而是取决于这个问题对他有多重要。他的交流速度只能达到每分钟6个单词，在此情况下，他必须慎重地选择哪些邮件需要回复。

如果朱迪思愿意的话，她也可以帮到你。复制或转发一封电子邮件给她，她会把信打印出来，走进来，读给史蒂芬听。如果他不愿意回复，她也会催他。或者，如果我必须跟他通话，我会打电话给朱迪思，她就会过去坐在他旁边，用他桌子上的电话免提接听。但是，如果她认为相比于和你交流，他有更重要的事情要做，那么无论你何时试图联系他，他都会"无法奉陪"，且没有任何原因。我们聊了几分钟，这时朱迪思的电话响了，她让我在她的办公室里坐一会儿，然后她冲进了史蒂芬的办公室。一分钟后，她又出来了，过来找我。办公室的门现在敞开了。

朱迪思带我走了进去。只见史蒂芬在他"著名"的桌子后面，坐在他那"著名"的轮椅上。他正低头看着电脑屏幕。对于一个64岁的人来说，他的面容看起来显得很年轻。他穿着一件蓝色的休闲衬衫，最上面的一两颗钮扣是松开的，露出了他的气管造口，就是他脖子下面用来呼吸的那个孔，看起来像一枚硬币大小的暗红色血迹。他很瘦，显得身上的衬衫和灰色休闲裤很宽松。史蒂芬能正常活动的肌肉是脸部的肌肉，其他地方的肌肉已经退化，所以他的身体绵软无力，影响了他的姿势。他的头不自然地低垂在两肩之间，仿佛在往下沉，而且略微倾斜。大家在电视上都见过他的这种表情和姿势，但当我亲眼看到时，还是感到很不安，尽管我和他一起在加州理工学院工作过，但我还不习惯面对面看着他。尽管如此，他仍然是一个大众偶像，我也感到自己有点面对一个明星所感受到的震撼——我何德何能，能配得上让他每次腾出一周或更长的时间，来配合我的采访？

"你好，史蒂芬，"我开口道，他并没有抬头，"我很高兴见到你，也很高兴来到这里。我特别喜欢剑桥！"

他还是没有抬头。我等了一会儿。局面有点尴尬。然后，为了打破沉默，我说："我迫不及待想开始写这本书。"

话一出口，我就后悔了。我想，这样的陈词滥调真是太拙劣了，而且无论如何，说这些话并没有填补太多的沉默间隙。而且，严格说来，我说的话也并不完全符合事实。趁着史蒂芬最近几次去加州理工学院的时候，我们已经做了一些前期工作。当然了，那时候我们只是讨论了这本书的大致内容，并没有动笔写任何东西。

我努力找点别的话题说，比如一些听起来更聪明的话题，但是我什么也想不起来。最后，我注意到史蒂芬的面颊开始抽动。这是他打字的方式。他的眼镜上有一个传感器，可以探测到这种抽搐，并将其转换为鼠标点击，这样当光标在屏幕上移动时，他就可以从列表中选择字母、单词或短语。整个过程有点像玩电脑游戏。看到他在打字，我想，他是要回答我那些笨拙的唠叨。他想说点什么，让我摆脱困境。过了一会儿，他那电脑发出的声音终于开口说话了，但只说了一个词："香蕉。"

这把我弄糊涂了。我不远万里坐飞机提前几天到达，就是为了在见到他的时候自己能有个好的精神状态，而我得到的唯一反应就是"香蕉"？试想一下，如果换作你，你冲着一个人问候了一番，而他回应你的，却是一种水果的名字，这是什么意思呢？我思来想去，不得其解。但就在这时，他的护理员桑迪从沙发上跳了起来，此前她一直坐在沙发上读一本言情小说。

"香蕉加猕猴桃？"她问道。

史蒂芬扬起眉毛，表示同意。

"再来杯茶？"

他再次表示肯定。

桑迪绕到他身后，去小厨房准备，此时他终于抬头看了我一下。我们四目相对。奇怪的是，现在他完全不需要说话了。他的表情温暖而快乐，我的心一下子就放松了下来。此刻，我对自己刚才内心产生的些许不耐烦感到内疚。他开始打字。过了一分钟左右，我等待已久的话终于说出来了。"欢迎来到DAMTP。"他的话音传过来。

我知道，我俩不能有太多的闲聊，不过我不介意。我真的是迫不及待地想马上开工。就在这时，一个中年男子走了进来。他是剑桥大学的教授，是个比较知名的宇宙学家。我认出了他是谁，但一时想不起他的名字，也没有人跟我介绍，当然，史蒂芬也不会花精力介绍我们认识。"我想和你谈谈丹尼尔的事。"他没有理睬我，而是径直对史蒂芬说了起来，"你有时间吗？"

在接下来的几年里，我总觉得发生这种事挺讨人厌的。在我俩工作的时候，总会有人不时地闯进来打扰我们。"很快，就一分钟。"他们总是这么说。但我很快发现，"很快"是"慢吞吞"的委婉说法。只要进了办公室，史蒂芬的同事通常会和他啰唆上一大通。

尽管这些干扰令我很烦恼，但史蒂芬似乎一点儿也不介意。

史蒂芬扬起眉毛，表示同意，这意味着我得等一等。刚开始的一阵子，他们的交谈还算有趣。一位名叫丹尼尔的学生的助学金似乎已经花完了，此时他还没有完成博士学位，但他一直在努力学习，并且开局良好，势头不错。来的人问，系里能不能再给他些资金，让他继续把博士读下去？史蒂芬是广义相对论研究小组的负责人，需要为学生和年轻的博士后提供资助、差旅费以及其他需要的资金。

几分钟后，我就开始走神了。我环视了一下这间办公室。这间屋子大体是个长方形，有一边略微长一些，门就开在这一边。对面是一排窗户，光线充足，能看到外面富有未来感的建筑。史蒂芬的办公桌就在进门后的左边，摆放得跟窗户垂直。沙发在右边，背冲着窗户。史蒂芬身后是一间迷你厨房，里面有一个台面，上面有一个水槽和一个电水壶，往上则是一面墙的书架。门的左右两边是黑板，上面满是他的许多学生和合作者写的方程式。还有一张电脑修图制作的史蒂芬和玛丽莲·梦露在一起的"合影"，他年轻的时候曾对梦露喜欢得不得了。

这个办公室比普通的大学办公室大，只比系主任的办公室小一点。我也去过商界人士和好莱坞高管的办公室，不等你走进去，就能看出里面的人都是大人物。但物理学不赚钱，而且史蒂芬的办公室在学者的办公室里也完全算不上豪华。如果史蒂芬是一位企业界的高管，其声誉跟他在物理学界的相当，那么他现在的办公室的面积还够不上高管的私人卫生间的规格吧。

他们的谈话终于要结束了。那位教授问史蒂芬是否同意给这个小伙子6000镑。史蒂芬把他的决定打在屏幕上："3000。"那位教授谢过他，然后就走了。后来我发现，这样的情形还蛮多的，而史蒂芬也总是会答应这些请求，因为他对自己的学生很有同情心。但他总是把金额拦腰砍掉一半，不想让人觉得他心肠软，好说话。但这其实没有什么用。"他这人太好说话了，"朱迪思跟我说，"外边那些人都知道他会砍掉一半，所以就要双倍的钱。这绝对是一个奇怪的游戏。玩的人也都很怪。不过我这么说并无冒犯之意。"

等那位教授提完他的要求，桑迪早就把香蕉和猕猴桃剥皮捣碎了，还泡了一壶茶。我在沙发上坐了10分钟，在此期间，她用汤匙喂史蒂芬吃。勺子是个大号的，大小正好适合把食物舀进史蒂芬的嘴里。这把勺子是某个护理员有一天在当地的一家餐馆里偶然看到的，她把它塞进包里，从餐馆里顺走了。现在她们每顿饭都用它来喂史蒂芬。

办公室的沙发，那个"著名"的沙发，包裹着亮橙色的皮革，非常舒适。后来我才知道，史蒂芬需要"方便"的时候，值班护理员和电脑兼电子助手山姆·布莱克本就会一起把他搬到这个沙发上来。这就解释了"在沙发上"是什么意思。而且明白了这句话的涵义之后，再坐到这个沙发上也让我觉得怪怪的。

对史蒂芬来说，方便一次要很长时间。方便之后，他可能会很累，所以经常会接着喝杯茶、吃一份香蕉泥，或者就像他刚才那样，两者都要。我后来也知道了，也只有他要来沙发上的时候，才会关上办公室的门。

我不知道，在做这种很私密的事的时候，总是有护理人员在场对史蒂芬是什么感觉。我不知道在那种情况下需要别人帮助是什么感觉。心安理得地接受别人的帮助，这是他不得不做的。此时，我抬头看了看，他马上就吃完了。一点香蕉和一点茶从他的嘴角流到下巴上。桑迪用餐巾给他擦了擦。接受这样的帮助是他多年前就已经学会克服的心理障碍，所以现在看来，他一点也不为自己感到难过。相反，他似乎感到自己很幸运，在需要别人帮助的时候，能有这样的人。

我们这些物理学家研究的是系统如何随着时间变化，但是对于自己的生活，却无法预言未来会发生什么。我母亲还有一句话常挂在嘴边："明日之事不可知。"她是纳粹大屠杀的幸存者，对她来说，这意味着不可改变的灾难可能就在眼前。但是，史蒂芬根据自己个人的历史中所收集到的信息，认为情况正好相反。他得到的教训是，无论你手中的牌有多烂，你都可以打出好的成绩。他年纪轻轻就患病，但尽管病情慢慢加重，他的生命之光并没有因此而黯淡。相反，他的一生过得有声有色。每当我因为一些事情而感到沮丧的时候，见到史蒂芬总是能激励我，让我学会正确地看待那些相对不太重要的问题。

• • •

在史蒂芬来加州理工学院做研究期间，我们制订了一份详细的"写作计划"，列出了每一章准备包含的内容。亦即，我们为《大设计》这本书制订了一个"大设计"。《时间简史》概述了物理学家在20世纪80年代早期所知道的宇宙的起源和演化方面的知识，并回答了"宇宙是如何开始的"这个问题。《大设计》是《时间简史》自然而然的后续，对前一部书中给出的答案进行了更新，同时还回答了为什么存在如此这般的一个宇宙（它需要创造者将其创造出来吗），以及自然定律为什么是如今这样的。

在我们的写作计划中，史蒂芬和我设计了一个框架来阐明这些问题。我们把史蒂芬最近的研究工作，以及有助于读者了解这些研究意义的背景信息，分成一组子主题，然后我们定下来分头写作。我们商定好了，如何一章一章地各自进行。我们的策略是先写出分工好的主题的草稿，然后通过电子邮件交换稿子，过后再在剑桥或加州理工见面，审阅对方写的部分。然后我们各自都会对文本做出修改，并重复这个循环。

在史蒂芬发来的一些段落中，有时候我不明白他想说的是什么，这时候我就得回去读他最初发表的物理学论文，这样才能弄明白。我和史蒂芬写《时间简史（普及版）》的时候，他表现得非常随和，但是这一次，他却像是换了一个人，对每一个观点他都据理力争，无论这个观点多么微小。如此一来，写作的过程就变得非常缓慢，就像蚂蚁携带树叶穿过马路去建造菌类农场一样。最后写出来的东西，往往都是改了又改的，很难看出某一段是我们两个人中哪一个写出来的。

而我这一次来，是为了写作而做的第一次访问。我们一共工作了几个小时，讨论各自写的东西。此时，由于我身处英国，在和史蒂芬交谈的时候听到他电脑里发出的美国口音，感觉很奇怪。他出生在英国，但他的声音来自美国堪萨斯州。

外面的暑热也侵入了办公室。我不停地擦拭额头上的汗水，这让我心里很烦躁，但对史蒂芬来说，感觉肯定更糟。我看到他那湿漉漉、乱糟糟的头发下面有一滴汗珠。它慢慢地从脸上往下滚，还不时停下来，像是在戏弄他。我都能想象得到沿着这滴汗珠的轨迹，史蒂芬会感到奇痒难忍。这事要是搁我身上，我就可以迅速抽一张纸巾，抹去汗滴，顺便挠一挠。可是，如果你动弹不得，就只能坐在椅子上一动不动，任凭那滴汗珠沿着牛顿力学所规定的轨迹移动，忍受它带来的奇痒，这种感觉简直比遭受水刑还难受。然而桑迪似乎没有注意到他在流汗。她不时抬头看他一眼，但旋即又低下头继续读她的言情小说。

我想问史蒂芬为什么不装空调，但这个问题似乎不值得他花时间回答，所以我就转过去问桑迪。她回答的时候说话语速很快，带着浓重的伦敦口音，我听得半懂不懂。她回答的大意是，这栋建筑有某种环境控制系统，但效果不是很好。这个系统的运作往往事与愿违，比如在每天下午5点整，它会自动关上电动百叶窗，不管你那时想不想关；而另外一些事情，你想让它做，比如冷却空气，它却做不来。几年后，山姆对这个系统偷偷动了一下手脚，此后他们就可以自己控制百叶窗了。山姆总是能想出变通之策。更重要的是，我发现，他总是能获知有关史蒂芬日程的内部消息。但是对于夏天的炎热，山姆却束手无策。

空调这事儿史蒂芬不是没提过，他曾要求给他安装一台立式空调，或者允许他自己掏腰包安装也行，但是大学的行政部门不允许。他们说，其他人都没有装空调，为什么要破例呢？是的，为什么呢？也许，因为史蒂芬能给这所大学带来更多的名气和关注？而且比物理系所有其他教授所带来的加起来还要多？也许，因为正是通过他努力筹款，这所大学才有钱建起来这个数学科学中心？或者，只是因为他瘫痪了。但行政楼里的官老爷们并不这么看。他的同事可能很崇拜他，但是管理这个地方的小集团从来没有法外施恩，特意善待过他。从大学的教职人员的角度来看，大学里的行政人员关心的似乎往往只是规章、制度、预算和筹款；而从管理人员的角度来看，教员们关心的似乎只是他们的研究，当然在某些情况下还关心一下他们的学生。这通常会导致两个群体之间的关系变得紧张。我原以为，这种事到了史蒂芬身上会有例外，但是显然没有。

史蒂芬本可以按照他们对付百叶窗的方式，自己私下里解决这个问题。但是跟百叶窗开关不同，空调是藏不住的。

不过换个角度看，在剑桥大学，人们经常被告知他们不能有什么，不能做什么，但如果他们真的不管不顾那些条条框框，就特立独行地去做了，行政部门也不会真的站出来反对。尽管如此，史蒂芬也没有非得破格装个空调。在某种程度上，我认为他同意行政部门的意见——如果其他人没有，他也不应该有。

这时，桑迪说她要去上个厕所。史蒂芬的看护人都会得到指示，绝不能让他一个人呆着，通常情况下，要是桑迪需要离开，她会通知朱迪思，让朱迪思在此期间照看史蒂芬。但是由于此刻我在场，桑迪就让我替她一下。"有问题就叫朱迪思来，"她说，"我也会马上赶来。"

接着，我继续跟史蒂芬谈话，可是我的注意力总是不由自主地集中在他脸上的汗滴上。我发现自己老是盯着他的汗滴，看见它们在他的下巴上聚集，然后在重力的作用下，从下巴上滴落下来。管他呢，我想道。"要不要我给你擦擦额头？"我问道。史蒂芬扬起眉毛，表示同意。动眉毛是他能做的为数不多的肌肉运动之一，他用眉毛来回答问题，可以满足多种目的，比如表示他想接受你给他提供的东西或服务，或是表示谢谢，就扬一下眉毛。而换做是要说"不"或表示不高兴，他就做一个鬼脸。

我拿了一张面巾纸，伸出手，轻轻擦拭他的脸。他抬起眉毛表示感激。既然他喜欢，我决定在他脸上再轻轻擦拭一下。当我的手靠近时，他的眼睛似乎向我闪过一个"小心"的信号。我在生活中经常碰到这样的场景，但我常常会错过这样的提示，或者是当我意识到的时候，已经为时已晚。这一次又重现了这种情况。结果，我的手移动得有点快，而且我的擦拭动作也太起劲了。他的头像一个破布娃娃的头一样，软软地歪向他的肩膀，然后耷拉在他胸前，看上去让他很痛苦。

此时他扮了个鬼脸。我吓坏了。我该怎么办？我可以碰他吗？我还能做什么？我伸出手，尽可能轻柔地抬起他的头。因为天气炎热，他的额头和头发是湿的。我不自觉地又放开了，结果他的头又耷拉下来，我赶紧伸手托住。我站在原地，扶着他的头，试图保持好他的头的平衡。他的眼镜滑到了面颊上。哔——哔——哔——响起了警报声。我伤到史蒂芬·霍金了，而且被抓了现行。

就在这时，桑迪回来了，紧跟其后的是朱迪思，她是听到警报声过来的。桑迪把史蒂芬的头摆正，然后调整了一下他的眼镜。眼镜复位后，警报声就停了。他的眼镜上有一个传感器，可以检测到眼镜跟脸颊的距离，并向轮椅上的电脑发送信号。眼镜上的这个传感器的主要作用是让他能够通过抽动脸颊肌肉来实现鼠标点击，从而使他能在电脑屏幕上选择和输入简单的命令。眼镜还能发出警报，如果他的眼镜滑落得太厉害就会发出警报。看到一切都在控制之中，朱迪思便回到了她的办公室。桑迪擦了擦史蒂芬的额头。"对不起。"她说。他扮了个鬼脸。她又回到沙发上。

　　我很为史蒂芬感到难过，因为当他额头发痒或出汗时，他没有办法挠一挠或是擦一擦。在这段时间里，我常常为史蒂芬感到难过。他有残疾，无法做一个常人所能做的大多数非常普通的事情，为此我替他感到遗憾。他不能自己吃饭，不能说话，也不能翻开他想读的书。他甚至无法顾及自己的身体需求。他脑子里锁着这么多了不起的思想和新奇的想法，却有一个巨大的瓶颈，使得他无法有效地表达出来。但是，随着时间的推移，我抱有的所有这些遗憾，都会像史蒂芬提出的会蒸发的黑洞一样，消散飘逝。

2

在史蒂芬有专职的护理人员之前，他的一些研究生助理和他住在一起照顾他，此外，他当时的妻子简也会帮助照顾他。那是20世纪70年代的时候。他虽然只能坐在轮椅里行动，但肌肉还有些控制力，另外他还能说话，只不过说出来的话开始变得含糊不清。早上，他的学生们会帮他穿衣，喂他吃早饭。当他自己操控着轮椅去上班时，他们会陪在他身边。他有时会在途中提出一些小的物理问题来考考他们，比赛看谁能在他们到达之前先想出答案。

史蒂芬和我从来没有比赛解决任何问题。但是随着我越来越了解他，我也学会了在他需要的时候提供一些日常的帮助。我学会了轻柔地触摸他，擦擦他的额头或嘴，而不会给他造成严重的头部伤害，也不会再触发警报。有时，在我照顾他的时候，我的脑海里会蹦出这样的想法：当他的肌肉还能正常工作，他还能协调它们的运动时，他的生活是什么样的？我们就此话题聊过一两次。

他的态度使我挺吃惊的。他没有像有些人那样，因自己残疾而感到痛苦。他让我重新认识到什么是人生的艰难，他每天、每小时、每分钟都在以一种我从未经历过的方式挣扎，他在不断地忍受那些本来会让我感到尴尬、羞辱、痛苦、疲惫或畏缩的事情。如果他为自己的境遇感到愤愤不平，没有人会责怪他。平常人都曾抱怨过命运不公，但却很少有正当的理由。对我来说，单单是个偏头痛就把我折磨得生不如死了。但史蒂芬总是能以幽默且积极的态度面对每一个挑战和每一天。只有那种在世界上找到了自己的位置，并为此而知足的人，才会有这样的态度，史蒂芬无疑就是这样的人。

对史蒂芬在剑桥的朋友们来说，他一直都是这样的，但是，他们并不知道当年在牛津读书时的史蒂芬是什么样的。1959年，17岁的史蒂芬在那里开始了3年的本科学习，当时他的身体看起来很健康。他那时学习的重点是自然科学，尤其是物理。在牛津的头两年，他挺孤独的。他需要友情，但是刚上大学的他一时还没有多少朋友。后来，到了最后一年的时候，他加入了赛艇俱乐部，成为赛艇队的舵手。他在泰晤士河上找到了友谊，也体会到了冒险带来的刺激。牛津有泰晤士河流经，剑桥则有剑河穿过，而这两所大学都有悠久的赛艇传统。两所学校里，所有受大家欢迎的年轻人都会参加学校的赛艇队。对史蒂芬来说，赛艇队就是一个社交俱乐部。

作为舵手，史蒂芬的任务是控制船的方向和速度。坐在船尾，掌着舵，他可以直接控制方向，但还需要对其他人发出命令。他平时总是笨手笨脚的，而且身材矮小，所以总被人取笑，更何况他的运动能力也比较差。但现在在船上成了他说了算。他非常适合这个角色 —— 他身体很轻，不会给队友增加太多的负担，另外他的嗓门很大。

除了赛艇队的活动之外，对牛津生活的其他方面，史蒂芬就不那么感兴趣了。学校要求他每周听几次讲座，并且还要参加一次辅导课，讨论本周的作业。他觉得作业上的问题"简单得可笑"。他很少花时间思考那些问题，也很少做其他的作业。他更喜欢听古典音乐或读科幻小说。他那时没有远大的抱负，没有目标，没有方向。而且像大多数同学一样，他有些酗酒。那是在他去剑桥读研究生之前，在他被疾病判死刑之前，也是在他发现物理学之前。

• • •

我再一次来到剑桥。我们刚刚开始一天的工作，我把几页纸拿到史蒂芬面前，放在他桌子的架子上。这几页内容是我那天早上写的，朱迪思帮我打印了出来。我们开始读给自己听。史蒂芬无法很好地控制自己的眼睛，所以他的阅读速度慢一些。而且，当史蒂芬读一页书的时候，他知道自己再读一遍不容易，所以读的时候会非常仔细地研究每句话。他读完一页后会扬一下眉毛，这样我就翻到下一页。当读到结尾，我会翻回到第一页，然后我们会从头开始，这一轮每个人都要对眼前的内容做出评论。

在加州理工学院的几年里，我教的是《科学写作》，而不是《高等数学》，在写作过程中，如果需要做一些有用的类比，我往往需要借助物理学。在物理学中，我们对不同尺度的客观世界有不同的理论。在原子和亚原子尺度上，我们通常使用量子理论；对于日常生活的尺度，牛顿物理就是一个"有效的"或近似的理论；而对于宇宙尺度来说，则使用广义相对论，这个尺度是由引力主导的。你也可以用类比的方法来分析写作。遣词、造句、谋篇布局，直至成书，这些都是不同的尺度。在每个层次上，都有需要关注的点以及相应的工具，一些用于谋篇布局，另一些用于分析细节。

由于史蒂芬行动受限，而且与别人沟通起来很吃力，大家可能会以为，在我们合作的时候，他只会关注最重要的以及最大尺度上的问题，但事实并非如此。他似乎觉得，没有什么问题微不足道，或不值得去争论，相反，他认为，如果写作中遇到问题，不论需要讨论多长时间，都是值得的。有时，针对一页纸上的每一句话我们都会讨论一番。他这一辈子曾多次濒临死亡，但他并不因此而着急完成什么事情。

在我和史蒂芬一起工作的这些年里，如果我俩有分歧，他从不会因需要打字回复我而感到厌烦。尽管我想到什么就说什么，话语可以脱口而出，而他说起话来，必须精心构思句子。其实有时候，是他让我疲于应对，而从不是我让他感到疲惫。他工作起来，就像我俩的时间永远消耗不尽一样。有时，我会提醒他说我们的书是有最后期限的，想以此来催促他加快进度，但他根本就不在乎。每次我们拖过了截止日期，出版商会给我们一个新的截止日期。史蒂芬有一次告诉我说，如果我们能花10年时间写这本书，那就太好了。我告诉他，如果真是到了我们合作10周年纪念日的那天还未完成，我会给他订一个蛋糕，祝他好运，然后飞回美国老家，留下他自己写完这本书。

那是我们合写《大设计》的早期阶段，我还没有学会接受他的完美主义的做事风格。他这个人有很强的使命感。然而，他以前并不是这样的，并不总是追求把事情做到极致。

例如，在赛艇队，虽然他是舵手的最佳人选，但他并不擅长划船。他并不介意这一点，这只是一部分问题。对他来说，划船意味着冒险和友谊，而不是为了赢得奖杯。据他的划船教练回忆，他对于比赛没有什么胜负心，而且经常显得心不在焉。教练批评史蒂芬在比赛中过于鲁莽，经常试图突破过于狭窄、根本钻不过去的缝隙。但对史蒂芬来说，有机会冒个险才是关键所在。为什么不冒险尝试一下呢？

史蒂芬的教练对他还有一项不满。在史蒂芬的指挥下，这支队伍不仅表现不好，而且结束比赛时，经常出现桨被损坏，或船被撞坏的情形。有一次，史蒂芬甚至指挥着船跟另一艘船迎头相撞了，而他似乎竟然为此感到自豪。那时，他的身体还很年轻，能经受得住打击，不像那些船那样容易撞坏。他还不到20岁，正在享受自己充沛的体力，从不会停下来想一想，拥有健康的体魄是一件多么好的礼物。像大多数年轻人那样，他认为自己可以永葆健康、力量、智力和精力。其实，许多年龄更大一些的人仍然会这么以为。

• • •

在物理学中，一个理论要么成立（真），要么不成立（非真）。要是让某位哲学家去评价，他会说我们这些搞物理的对"真"这个词用得太草率了，因为物理学中所有的"真"都是暂时的——你永远无法确定，未来的某个实验会不会通不过，使结果跟迄今为止某个完美的理论相矛盾。但我所说的"一个理论要么成立，要么不成立"，其意思是，至少在基础物理学中，没有"几乎为真"的概念。如果一种理论即使在最微小的程度上没有通过一次模糊的检验，我们就说该理论被证伪了。该理论不能真正代表自然规律。

被证伪的理论可能仍然有用。在某些有限的领域内，它可能仍然成立，比如在距离很大或者很小，或者是速度低，或者是引力弱的情况下。这种有效或近似的理论在固体物理、量子计算或恒星物理等领域有一些实际的应用价值。但是，如果一个理论提供错误的预测，无论这个错误从数字上看多么微不足道，那些寻求基本定律的人也知道，他们必须继续寻找。[1]

基础物理研究者的目标是找到不存在例外情形的理论。但是，如果一个曾经被公认为具有基本属性的理论被发现有缺陷，理论家们的反应不是悲伤难过，而是感到莫名兴奋。他们会马上着手寻找下一个理论，这个理论应该能够解释前一个理论所能解释的一切，同时又能通过旧理论无法通过的检验。下一个理论可能是旧理论的某种修正形式，比如在1998年，人们发现中微子有质量，此后人们就对基本粒子理论的所谓"标准模型"做出了修改。或者，下一个理论可能是全新的，就像牛顿的运动定律和引力定律被量子物理学和广义相对论所取代一样。

无论如何，至少从原则上讲，如果我们能找到所谓的"万物至理"，寻找不断完善的理论的工作也就终结了。然而，关于是否真的存在万物至理，以及如果存在，它可能是什么形式的，物理学家还没有定论。爱因斯坦晚年一心追求

---

1 假设误差不是由于实验误差造成的，也不是推导预测所采用的近似方法的缺点所造成的。

的就是创立这样一个理论，即他所说的"统一场论"。你可能会以为，如果有人能像变戏法那样提出这样的一个理论，那个人一定是爱因斯坦。但他在最后几十年的工作中，所取得的主要功绩就是让自己远离了物理学的主流。他本人就曾写道："在同时代人的眼中，我既是一个异教徒，也是一个反动分子，易言之，是一个行将就木，该死却未死的老朽。"

对爱因斯坦来说，毕生追求这种大统一理论到头来却一无所获，并不是什么问题。他认为自己的名声已经够响亮的了，有权在晚年进行这种唐·吉诃德式的追求。所以他无视所有人的建议，一直坚持自己的研究方向。爱因斯坦和史蒂芬一样，是个很"倔"的人。而且话说回来，在爱因斯坦于1955年去世的几十年后，对万物至理的探索又变得时髦起来。

在讨论万物理论的时候，大多数人都忽视了这样一个事实：在19世纪后半叶的时候，物理学家们相信，他们对所有物理现象已经有了一个一致的描述。那时，詹姆斯·克拉克·麦克斯韦创立了电磁理论。与牛顿的万有引力定律一起，这两种理论解释了当时自然界中所有已知的力。这两种理论再加上牛顿的运动定律（描述物体在这些力的作用下如何运动），似乎就足以解释宇宙中所有事物的发生过程——至少在原则上如此。但是，要想应用这些理论，你仍然必须解出描述对应过程的方程。

而这一点其实是留给人们的重要警告。如果方程没有解，理论就只是原理和方法构成的框架。对于某个既定的物理系统（原子中的电子和原子核或太阳系等），一个理论将提供方程，方程的解可以描述该系统的属性如何随时间演化（原子的辐射、行星的轨道等）。但通常的情形是，我们无法解出这些方程，所以在理论物理中，大多数情况下，要想获得结果，都要使用适当的近似方法。正因如此，物理学既是一门科学，也是一门艺术。

到19世纪晚期的时候，物理学家对自己的理论已经非常自信，最典型的表现就是在1900年4月，著名科学家开尔文勋爵针对物理学的未来发表了一番讲话，讲话中他暗示，需要物理学家去做的，"就只剩下清除湛蓝的天空中仅有的两朵乌云了。其中一朵乌云是美国物理学家阿尔伯特·迈克耳孙和爱德华·莫雷关于光速的实验的结果，另一朵乌云是一种叫做黑体辐射的现象。"开尔文勋爵相信，这些只是小小的反常现象，我们很快就能在现有的理论框架内对其做出解释。事实证明，与其说这两个问题是蔚蓝天空上仅有的两朵小乌云，不如说是海洋中一艘航船前进道路上的两座巨大的冰山。

为了解释迈克耳孙−莫雷实验的结果，需要发明狭义相对论，而这要等到1905年由爱因斯坦提出来。要解释黑体辐射，就需要建立量子理论，这需要许多杰出的物理学家从1900年到1925年持续几十年的不懈努力。这两个新理论使牛顿运动定律这艘大船沉没了，而过去的几个世纪以来，牛顿运动定律一直是物理学殿堂的基石，在开尔文勋爵的时代仍是如此。然而在狭义相对论和量子理论出现之后，牛顿定律再也不被认为是基本真理。

开尔文的错，不仅仅错在对这两个异常现象没有给予重视，而且还错过了第三个异常现象。话说，在19世纪中期的时候，人们就已经发现水星绕太阳公转的轨道跟牛顿引力定律所预测的略有偏差。这个误差虽然很小，但却实实在在地存在，反映出牛顿的物理定律中必然存在缺陷。后来所发生的事实证明，这一微小偏差的发现预示了第三次物理革命，即爱因斯坦在1915年提出的广义相对论。

随着狭义相对论、广义相对论以及量子理论的出现，牛顿的运动定律和万有引力理论全都被取代了。在那个物理学的动荡时期，麦克斯韦的电磁理论表现得更好一些，虽然他的这个定律需要进行修改，以适应狭义相对论和量子理论所描述的情形，但直到今天，该理论的基本内容没有大的变化。物理学的这段历史给我们的教训是，当一个理论出问题时，有时只是表现为一些小小的异常现象，或一点点偏差，让你错误地以为最终能找到一个合理的解释，而不影响理论本身。[2]

史蒂芬的健康情况也是如此。在牛津大学读最后一年的时候，他发现自己的身体协调能力出了问题。他变得有点笨手笨脚，说话也含糊不清。这两种看似微不足道的症状，只是他身体内部一种重大疾病所露出的冰山一角。他看起来仍像是一个健康的青年，但实际上已经重病缠身。

与开尔文勋爵不同，史蒂芬没有忽视自己身体健康方面的冰山。他隐约觉出来，自己的身体出了某种严重的问题。他先是去了学校的医务室，那里的医生给他做了检查，然后给他开了一张处方，让他"戒掉啤酒"。

• • •

这会儿是下午晚些时候。史蒂芬的护理员卡罗尔正用勺

2　在当今物理学中，暗能量和暗物质是两个无法解释的异常现象。这些问题最终会在我们现有的理论框架内得到解释吗？还是通过修改现有的理论来解释？抑或需要一个全新的方法来解释？没有人知道。

子舀香蕉泥和咖啡喂他。他脸色苍白，眼睛一会儿闭一会儿睁。我们通常至少工作到7点，但此刻他的眼睛的动作表明他很累了。卡罗尔喂完了他，走到一边，打开电壶给自己烧水冲了杯咖啡。虽然只是速溶咖啡，但房间里仍然弥漫着香气。

我们并不总是按照章节的顺序来写这本书。如果我们发现后来所写的东西需要在之前的章节中给出一些铺垫，或者是我俩中有一个人对前面已经完成的东西有什么新的想法，就会跳回到前面重新加工一下。这一次，史蒂芬突然决定我们应该回过头来，换个方式来写书的第一章"物理定律"。他想先引用一个解释自然现象的神话，说明人们为什么会求助于神话来解释他们不理解的东西，以及人们最终又是如何意识到自己的解释是错误的。但在网上搜索了一个小时后，我俩还是没有找到合适的内容。

我们决定暂时搁置这个神话，留待他日再去解决，目前还是继续完善我们关于本章其余部分的想法。说是"留待他日"，其实就等于是"留给列纳德去解决"，所以我第二天来他办公室之前就有很多事情要做。我问他今天想不想早点结束工作，如果可以呢，我就去找个酒吧喝一杯，在那里再写一会儿。他还没来得及回答，另一位护理员玛格丽特走了进来。她今天不值班，只是顺道过来打个招呼，她有时走之前会这样过来打个招呼。我刚才跟史蒂芬提的建议还没得到回应，她就进来了。玛格丽特这个人的性格风风火火，从不考虑是否会打扰到别人。

她20多岁，身材苗条，发色金黄略带些红色，可以说是风姿绰约。据说，有一次她让人画了一幅自己的裸体像送给了史蒂芬。再到后来,有一次她用轮椅推着史蒂芬进一个门的时候,不小心碰断了他的腿,为此她辞职了。史蒂芬觉得这事不怨她。他对待玛格丽特,就跟对待某个一脑子浆糊的研究生一样,表现得同样宽宏大量。但玛格丽特最终还是离开了。多年以后,当我提到玛格丽特的名字时,史蒂芬说:"我挺想她的。"

这天天气特别好,玛格丽特也表现得一如既往的愉快,她觉得应该让我体会一下剑桥当地的风情,放松娱乐一下。我跟她说我想早点结束工作,她说确实应该这样,而且说我应该出门去玩一玩。然后她说,要不我带你去剑河撑船吧?她说的船是一种长方形的平底船,大约有六七米长,一米来宽,后面有一个小平台,船身略高于吃水线。"船夫"站在平台上,用一根长杆戳到河床上,推着船前进,而乘客则坐在铺在船上的毯子上,身子靠着横跨船头的背板。玛格丽特提出来,她可以给我当船夫。

听到她说这些,史蒂芬似乎突然来了精神。他扬起了眉毛——他这是表示他也想参加进来。

对此我可是吃惊非小,因为那时我还不知道史蒂芬在牛津上大学的时候曾参加过赛艇队,不知道他喜欢在河上玩。不过,我对在河里撑船还是有足够的了解的,我知道这样的游玩对史蒂芬来说可能太过冒险。河面上的船总是摇摇晃晃的,如果船夫撑篙的时候失去平衡,掉落水中,船可能就会倾覆。而且我好像还从报纸上读到过,偶尔会有船只相撞,造成乘客落水,有的人则是在上下船的时候失去平衡落水。对普通人来说,遇到这种事情不过是有些尴尬和不便,大不了就是变成落汤鸡而已。但是对史蒂芬来说,出了这样的事情就可能是致命的。他无法控制肌肉，这就带来了许多副作用，其中之一就是他的骨头很脆，容易骨折，因为他的骨骼不像我们的那样每天会经历拉伸而得到加强。（正因如此，后来玛格丽特一不小心，就轻易地撞断了他的腿。）所以我们最好不要带他走太远的路，但是，要想坐游船，就得走很长一段路才能到码头。

此外，还有很重要的一点，当史蒂芬身边没有自己那台专门的电脑的时候，他就不能打字，这样一来也就无法表达自己的迫切需求。例如，他有时会呼吸困难，这时候就需要把他喉咙里的造口吸出来，而没有电脑的语音发生器，他就无法提出要求。另外，我们中的某个人在登平底船的时候可能滑倒。而最坏的情况是，他本人可能落水，而一旦遇到这种情况，那就真是没得救了。对所有这些后果，他肯定都清楚，但即便如此，也无法阻止他要去。后来，随着我对他的了解日渐增加，就知道他为什么总想参与这样的场合了。能面对危险，这一点似乎使他觉得自己还是个活生生的人。在生活中，跟在物理学中一样，他都喜欢冒险。

半小时后，史蒂芬的面包车停在了通往河边的一段长长的石阶上。汽车上的升降梯把坐着机动轮椅的史蒂芬送到了街上，卡罗尔抓起了一个黑色的大袋子和一个装着史蒂芬医疗设备的银色小袋子下了车。玛格丽特搞到了一瓶法国香槟和一些草莓，这是平底船野餐的经典搭配，不知道她是从哪里变出来的。

卡罗尔和玛格丽特把史蒂芬从轮椅上扶起来。

"我来抱他。"我提议说。

毕竟，我的体格是任何一位女士的两倍，而且这段凹凸不平的台阶路途不短。后来，随着我们交往更多，我偶尔的确会帮着抱起史蒂芬，但这一次卡罗尔轻声笑着说，她们可不能把史蒂芬交到我手里，害他送命。然后，她和玛格丽特各自抱起史蒂芬软塌塌的身体的一端，走下台阶，我则跟在后面，拿着装备和卡罗尔的粉红色随身包。

两位女士谁都没去扶史蒂芬的头，结果是，在她们走路的时候，他的脑袋就自由地摇晃着。在那一刻，我才意识到照顾史蒂芬并不是一门精密的科学。我回想起我把他的头碰倒的情景：警报器哔哔作响，我吓得魂飞魄散，而史蒂芬则做出鬼脸。此刻他的头像钟摆一样摆动着，而他们每个人都面带微笑。看到这个情景，我满脑子里想的都是他的脖子会很疼吧。我试图从史蒂芬脸上找到一些蛛丝马迹，但没有发现。当然这也很难判断，因为我离他们比较远，而他的头一直在动来动去。我本想说出我的担忧，但转念一想，这两个人都是他信任的护理员。她俩照顾他很多年了。所以，我决定还是什么也不说的好，就让她俩做她们该做的工作好了，我则负责好手里的东西，包括那个粉红色的女士小包。

剑河是流经剑桥的主要河流。剑河的周围满是郁郁葱葱的植物，随处点缀着古老的大学建筑，这条河很浅，不过可以通行小船和划艇。剑桥大学的31所学院中，有8所坐落在河边，因此泛舟河上，可以欣赏这些学院宏伟的建筑和美丽的庭院。总的来说，在这条河上泛舟一游蛮有乐趣，但是对游客来说，舟行河上的时候，身体却不算舒适。船上的座位硬硬的，还很矮，离船板只有几英寸高。

两个护理人员带着史蒂芬先上了船。卡罗尔背靠船头坐着，两腿交叉，面对着船尾的撑船平台。她们把史蒂芬摆成半坐半卧的姿势，靠在卡罗尔身上，面向船尾，卡罗尔抱着他。

虽然史蒂芬不能说话，但在这个过程中他并不是完全被动的。他很少让自己处于完全被动的情形。他的眼睛会向左或向右移动，表示他想被移过来一点还是移过去一点。他会扮个鬼脸，表示姿势不大舒服。稍后，他会扬起眉毛，露出微笑，表示这下舒服多了。当他终于对自己的姿势满意之后，我开始上船，但船上下颠簸着，我脚下不稳，失去了平衡。那可真是可怕的一瞬间，我差一点倒在史蒂芬身上，但我屈了一下膝，调整好了姿势。史蒂芬看着我险些跌倒，脸上露出了灿烂的笑容。他调整姿势都没像我这么费劲。我感到有些难为情，而且这也不是最后一次发生这种让我感到难为情的事。有时，我会出于不同的原因为史蒂芬感到难过，结果事后表明，他能处理得很好，甚至比我还好。

过了一会儿，我们就离开了岸边。船行驶起来之后，卡罗尔一会儿端起史蒂芬的头朝左转，过一会儿再朝右转，好让他能轮流欣赏两边的景色。在此期间玛格丽特则一直稳稳地撑船，我还给史蒂芬吃了几片草莓，喝了几口香槟。

• • •

史蒂芬当年在牛津大学读本科的时候并不是很刻苦。他跟我说，他基本上每天只学一个小时左右。他说这话时面带微笑，一脸轻松，我却吃惊非小。这所大学里的孩子，不仅是最聪明一批年轻人，而且家长一般有权有势，但他们竟然会如此大肆挥霍自己的大好年华以及如此优质的教学资源。

39

然而，他们的态度是，如果你必须很刻苦才能学好，那你一定还不够聪明。我当年上的大学也很不错，那时候我跟同学也经常搞个派对什么的，但我们在学习上付出的时间蛮多的，而且很刻苦。

对史蒂芬来说，如果他对任何事情都没有激情，日子就会过得浑浑噩噩，什么都不想做。他甚至考虑过毕业后去当个普通的公务员。

他毕业时参加过不少面试，而他自己的理想职业是去工程与住房部谋职，这个部门当时负责公共建筑。他还对下议院办事员的职位有过兴趣，不过，他其实根本不知道下议院办事员是做什么的。最终，史蒂芬对待就业的冷漠态度让他避免了任何可能得到这样一份工作的机会——轮到公务员考试那天，他竟然忘了去。

1962年秋，20岁的史蒂芬从牛津大学毕业，来到剑桥攻读物理学博士学位。来剑桥学习的第一个学期并不顺利。他的本科生活充满乐趣，但那是过去的事了。而一旦开始读博士，你就不能一连几个月都躺在沙发上，指望着只需晚饭前花一个小时就能完成当天的学习任务。他发现，剑桥的课程让他有点找不着北，这时他才意识到自己在牛津时显然虚掷了光阴。那年史蒂芬回家过圣诞节时，差点因为考试不及格而遭退学。

史蒂芬在生活上缺乏目标，随波逐流，这一点一定曾让他的母亲感到忧虑。另外，他的行动也变得越来越笨拙。母亲带他去看了家庭医生，而家庭医生则马上送他去看了一个专家，那位专家则送他去医院做检查。他的家人在医院给他安排了一间私人病房，但他拒绝住，因为他抱有"众生平等"

的原则。医生让他住了两周院，从他的手臂上提取了一份肌肉样本，给他植入电极，还给他注射放射性液体做各种检查。但是，结果还是跟牛津大学的那位校医一样，他们最终也没有给他做出任何明确的结论就把他打发走了。医生们只是说："不是多发性硬化症。"他们建议史蒂芬回到剑桥继续读他的博士。

在剑桥，史蒂芬的症状继续恶化。他觉得自己快死了，很难集中注意力。最终，那所医院的医生根据他的检查结果综合分析，给出了诊断——肌萎缩侧索硬化症（ALS），这是一种运动神经元进行性恶化的疾病。

"我觉得自己像是悲剧中的角色。"他说那就是他自己对诊断结果的反应。那时是1963年初，史蒂芬刚满21岁。

就像房子墙壁上生的霉菌一样，ALS一旦开始发作（通常在下肢开始），就会逐渐扩散，直到影响全身。它会破坏运动神经元，并最终致人死亡，运动神经元从大脑延伸到脊髓，从脊髓延伸到全身的肌肉。运动神经元一旦死亡，大脑就丧失了启动和控制肌肉运动的能力。只有随意肌的活动会受到这种病症的影响。

在史蒂芬身上，他的病是从腿上开始的，然后逐渐往上蔓延。当他的大腿失去控制时，就无法站立了。而在失去了对躯干肌肉的控制之后，就不能在没有支撑的情况下坐着了。当病扩散到他的胸部时，呼吸也开始变得困难。1985年，他40多岁，此时已经患病20年，不得不做气管造口手术，这样一来，他就没法说话了。他的大脑仍运转良好，但承载大脑的身体却不能动了。

绝大多数ALS患者会在确诊后2到5年内死亡。每20个病例中才有一个能活20年或更长时间。史蒂芬则带病活了50年。然而，当他第一次被确诊时，他认为自己过不了多久就会死去。他预料自己最终会窒息而死，而且死亡会来得快，而不是像现实发生的那样，竟然那么晚。

眼见着死亡迫在眉睫，史蒂芬经历了不同的悲伤阶段，这些也是很多绝症患者都会经历的阶段。他最终陷入了深度抑郁之中。他把自己关在一个黑暗的房间里，用最大音量播放瓦格纳的音乐。这是他童年时养成的爱好，那时他的父母在家也常用很高的音量，在电唱机上播放瓦格纳的音乐。

后来，史蒂芬开始梦到死亡。他说，有一次他梦见自己要被处决了；在另一个反复出现的梦境中，他梦见自己准备牺牲自己的生命去拯救他人。他开始思考这些梦的意义。他被判了死刑，而且不可能减刑，他开始问自己，应该如何度过余生。在剩下的几年或几个月里，他能做些什么有意义的事情呢？他会对任何事情产生激情吗？

我们常说，有时候一个小问题可能最终会变成大问题。其实，生活中还有一个祸福相倚的矛盾，即看起来不好的事情有可能会变成好的事情。比如，在我们前面所说的物理学的冰山的例子，就体现出了这一点：那两座冰山可能撞沉了牛顿的科学之舟，但它们为新物理学指明了方向。史蒂芬告诉我说，身患绝症也指引他发现了新的东西。

"我们都知道自己会死。对大多数人来说，这种想法很抽象。但这对我来说一点儿也不抽象。"他说。死亡激励他珍惜自己活着的每一天。

此时，在剑河泛舟游玩，我也看到了这一点。我们大多数人慢慢悠悠地过着自己的日子，没有太多的紧迫感。在我们的社会中，芸芸众生所追求的不外乎事业、金钱和物质财富。我们担心自己的衣服是否合身，车子是否需要洗，是不是该把手机换成最新款的。我们把很多时间都花在了这类无关宏旨的事情上。认识到死亡随时可能来临，使史蒂芬在剩下的日子里把自己的人生变得更加丰富。他的注意力转到了别人通常认为理所当然的事情上——他关心的不仅是他热爱的工作，还有他亲近的人以及他周围的自然世界。看着史蒂芬凝视着河面，从他的眼神里，我能看出大自然对他来说是多么重要。大自然似乎深深地影响了他。当我看到他在夜晚仰望星空时，我也能感受到这一点。由于知道死亡随时可能降临，他意识到生命中的每一刻都无比美好。

确诊后，史蒂芬经历了大约一年的激烈情感斗争，才重新接受并把握自己的命运。在定义他自己的不断膨胀的宇宙时，虽然身在其中的他无法活动，但疾病放大了他能做的脑力活动的价值。他所面临的选择是，要么在精神和身体上都消沉下去，要么找到一个他仍能发挥作用的精神世界。有的人，如果陷入他这样的情形，可能会寻求宗教的慰藉，但史蒂芬却投身到了物理学之中。他决定完成自己的博士学位。而且令他惊讶的是，他发现自己喜欢做这件事。

不论是古代的哲学家还是现代的心理学家，他们中的很多人都强调，幸福来自我们的内心。一个人即使没有任何财产，住在洞穴里，也能和拥有豪车和让人艳羡的工作的人一样快乐——也许更快乐。身体状况的恶化使史蒂芬转而在内心、在精神活动中寻求满足。在那之前，他的大脑一直处于休眠状态。读本科的时候，只有当他需要通过考试时，他的脑子才会全速运转一段时间，但是很快就会回到休眠模式。然后，史蒂芬被确诊患了这一不治之症。疾病唤醒了他，让他产生了顿悟。虽然他的身体开始枯萎，但他的心灵却绽放出绚烂之花。他开始思考生活中什么才是重要的。他开始寻找意义，思考关于宇宙和我们在宇宙中的位置等存在主义的问题。那段时间，他还特别想赶快结婚。而且，在他获得了一定的声望和影响力之后，他开始积极想办法帮助他人，尤其是那些身体残疾的人。

在我和史蒂芬谈话时，从未见他流露出一丝的自怜之情。我问过他的好友基普·索恩和天文学家马丁·里斯，他们都在他确诊不久后就见过他，那时他们也没有看到他有任何自怜的迹象。随着疾病的发展，史蒂芬会慢慢死去，但他不愿意为自己的宿命而悲伤。史蒂芬让他所有的朋友都禁不住去思考惊奇，我们意识到了自己的潜力吗?

撑船之旅前后只花了一两个小时，但陪史蒂芬做这种例行的游玩让我看清了他想选择过怎样的生活。我们带着"完好无损"的史蒂芬回到了码头，而我似乎是这伙人里唯一一个曾担心可能会出状况的人。

回到面包车旁，史蒂芬的护理员开始把车的轮椅坡道降下来，把轮椅从车里拿出来，让史蒂芬坐进去，把他固定好，再把轮椅推进车里，然后把轮椅在车里固定好。在办公室的时候，史蒂芬脸色总是苍白的，现在他的脸上有了血色。结束了河上之旅，我感到很疲倦，准备回自己的房间打个盹，然后上网搜索一下，看看能否找到一个合适的神话，按我们的设计用在书的第一章。但史蒂芬邀请我先去他家坐一坐。他说离吃晚饭还有一两个小时，想继续工作一会儿。

3

　　史蒂芬住的房子在华兹华斯林荫道上，这条街道很安静，离剑桥老城不远，去他的办公室很近。那是一栋两层楼高的砖砌住宅，屋顶铺着黑色的瓦片，看起来有点像瑞士小屋。跟他童年时期家里的房子相比，这个房子好多了。当年他家的房子里家具破烂不堪，墙纸已经开始剥落，而且没有中央供暖设备。他的父母并不穷，但生活很节俭。而现在他所住的房子里里外外都是一流的设施。屋外的院子不大，但草坪绿油油的，四周环绕着长满常青藤和其他灌木的篱笆。从街上你只能看到房子的二层。史蒂芬住的房子竟然是个二层的，这一点让我很吃惊，因为他本人是上不了楼梯的。我听说，当时他的夫人伊莱恩喜欢这样的布局，因为她需要有一个属于自己的、配偶难以接近的平行空间。我到访的那天晚上她可能就在楼上，但她没有下来跟我们一起坐坐。而且我听说这种情况并不罕见。

　　尽管史蒂芬说他邀请我去他家是为了我们能继续工作，但实际上过了很长时间我们才抽出时间来讨论书的事。首先，他得去方便一下。然后我们就开始讨论晚餐吃什么。

琼·戈德温（Joan Godwin）是一位年长的护理人员，她照顾史蒂芬几十年了，现在不再做护理员工作，而是负责给他做饭。琼知道史蒂芬的一切，包括他需要什么，以及如何让他高兴。总体上，她很像他的姐姐，而且总是乐意跟我聊聊她对他的看法。

在和琼讨论之后，史蒂芬喝了下午茶，然后吃下他的维生素药片，总共有十几粒呢。做完这些后，他跟我聊了聊天，并且邀请我留下来吃晚饭。把这一切做完时，一个小时已经过去了，但是他不介意这些延误。我意识到，他叫我过来只是为了能陪陪他。后来他还邀我来过好几次，我觉得也是出于这样的想法。有时候，如果我们没有在周六工作的计划，他会在最后关头找我，叫我去他家。我原以为他有个好主意要讨论，但到了那里，我们多半只是聊聊天或看电视新闻。在第一次去他家吃晚餐后不久，在工作日的时候，他几乎每天晚上都邀请我去共进晚餐。这已经成了一种惯例，除非他或我那天晚上有事。只有当我们要吃点其他的东西，比如去外面餐馆吃饭而不是去他家时，我们才会讨论一下晚餐计划怎么吃。

我喜欢和史蒂芬一起休闲放松一下，不过那天晚上，当我们终于开始工作时，我心里还是很高兴的。我们简短地交谈了几句，然后我找到机会问了一个我认为很重要的问题。我希望琼能吃得慢点，或者是把饭菜做过了火候不得不重新做一份，这样我们就可以多聊一会儿了。我的问题跟史蒂芬想让我找的开篇所用的神话有关。如果我对他的想法理解得不完全，就可能会找错对象，白白浪费几个小时的时间。史蒂芬刚开始打字回答，琼就走了过来，手里端着一大盘牛排

46

和土豆泥。他没有去管端上来的饭菜，而是继续打字。她又回去端肉汤。史蒂芬打完字后，他看了我一眼，同时他的电脑发出声音说："请挑选葡萄酒。"看来当晚的工作到此就结束了，选择哪个神话的事情只能等一等了。

琼指给了我存放酒的地方。史蒂芬的柜子里装满了葡萄酒，主要是红酒。我猜，很多酒是作为礼物送给他的，而且有些酒看起来很贵。有些法国酒，标签上标着"特级酒庄"字样，以及出产的年份，有的年份能追溯到我孩子出生的时候。史蒂芬总是让我来挑。他似乎觉得，既然我来自同样盛产葡萄酒的加州，应该很懂葡萄酒，但其实我并不懂，我挑酒的办法就是随便选一款，全凭运气，要不就是挑一款能勾起某种回忆的酒。比如，1998年的波尔多？那年法国队赢得了世界杯。那就试试这款吧。

在史蒂芬家吃饭总是很愉快，但吃饭时我们从不谈论工作。由于他必须用脸颊肌肉打字，所以吃饭时他不能多说话。有时候，一些词会在不经意间由他的电脑蹦出来，但那些都是乱七八糟的词，不是他要表达的意思。但是照顾他的人总是想办法跟我聊聊天。这一次，负责照顾他的是贝拉，她来自捷克，在我们撑船旅行后不久就过来值班。贝拉抱怨肉汁里的蘑菇不好吃，其实那是因为她本人不喜欢吃蘑菇。史蒂芬认为，她之所以不喜欢吃蘑菇，是因为她在东欧长大。他告诉她说，东欧国家的人那个时候吃不上蘑菇。尽管苏联解体时贝拉还只是个孩子，但每次她拒绝吃蘑菇时，史蒂芬都会重复他的这个说法。

史蒂芬比大多数人更专注于他的工作，但他也专注于跟别人建立友谊。考虑到疾病给他带来的种种限制，想做到这一点这并不容易。他有身体上的种种限制，另外他的日常医疗和个人护理也需要很多时间，很多时候局面还比较尴尬，另外他自己也无法随时随地和陌生人搭讪。尽管如此，他还是设法与一些人交往。而在他体力全盛的时期，在他的身体开始走下坡路之前，他的行为可以说是无拘无束。

• • •

史蒂芬的病改变了他的生活，而他1963年乘坐火车的旅行在另一方面也改变了他的生活，那是他得知自己得了肌萎缩侧索硬化症的同一年。他那次要去趟伦敦。他来到圣奥尔本斯火车站的站台上，以前他多次来这里坐火车。然而，机缘巧合，这一次的旅程比以前的意义都要深远，因为旅途中他碰上了后来成为他妻子的那个女人。她的名字叫简·怀尔德。

在火车上重新邂逅之前，他曾在一次新年聚会上遇见过简。聚会之后，他给简寄过一张请柬，邀请她参加他在1月8日举行的自己21岁的生日派对。这两次相遇，他俩交谈都不多。不久之后，她听说他被诊断出患有某种麻痹性疾病，活不了多久了。然后又过去了一个多月，她没有再收到他的信，似乎他俩的关系到此也就结束了。如果不是因为他们这一次在站台上的偶遇，情况可能就是这样的。

前往伦敦的一路，他们坐在一起。旅途很轻松，路上只花了大约半个小时，但这终于给了他们一次聊天的机会。史蒂芬身材瘦小，头发乱蓬蓬的，耷拉到他的眼镜上。那时他刚刚开始在剑桥大学学习宇宙学。简18岁，刚从圣奥尔本高中毕业。她不知道宇宙学是什么。她告诉史蒂芬说,她听说他生了病,她对此很难过。他皱了皱鼻子,没有接茬,而是换了个话题。整个旅程中,他们不停地谈话说笑。车快到站时,他告诉她,周末他经常来伦敦,并且问她是否愿意跟他一起去看个戏。

约会那天晚上,史蒂芬带她去了苏豪区的一家时尚意大利餐馆,然后去老维克剧院看了一场戏。那天晚上花销不菲。他把身上的钱花光了,最后不得不让她掏钱给两个人买回圣奥尔本斯的车票。"实在是太抱歉了。"他跟她道歉说。

没过多久他又约她出去,参加一个时髦的大学舞会。这次,他开着父亲的那辆老福特来接她。那是一辆豪华的大轿车,他把车开得飞快,就像多年后开轮椅时那样,不过那时,他身体还好,完全可以操控好车。也许他压根儿不知道什么是恐惧,也许他觉得自己不会再失去什么。但是简可吓坏了,而且对她来说万一出了事故可不是小事。"我根本不敢睁眼看前面的路,"她回忆说,"而史蒂芬呢,边开车边东张西望,到处都看,只是不看路。"

这段驾驶经历可真算不上是个好的开始,但是简拼命地让自己只去想稍后在舞会上的美好经历。所谓的舞会,实际上是许多场舞会,在老剑桥许多不同学院的不同房间和大厅里同时举行。派对持续了一整夜。由于病情恶化,史蒂芬那时有点站不稳,他告诉她自己不能跳舞。"没事儿的,"她说,"没关系。"但她在撒谎。跳舞确实很重要。

整个晚上,他们从一个地点飞速地赶往另一个地点。一个牙买加钢鼓乐队在草坪上演奏。在一间墙壁镶着木板的房间里,一个乐队的弦乐四重奏很有韵味。远处的舞台上有歌舞表演。当他们在各个聚会的场地之间穿行时，这些声音都杂糅交织在一起。到处都是美味的自助餐和取之不尽的香槟酒。最后，他们误打误撞碰到了一个发出微弱蓝色灯光的地下室。有个爵士乐队在里面演奏，舞厅里挤满了参加派对的人。简想进去，这次史蒂芬被她说服了。他们随着音乐一起轻摇慢舞，直到乐队停止演奏。第二天早晨，他们缩在史蒂芬所在的三一学院的沙发里打盹，这所三一学院就是牛顿他老人家当年工作过的地方。他们在沙发上睡了一会儿。

简觉得头天晚上过得非常美妙，但是等到要回家的时候，她想起了昨天坐车的经历，她一下子回到了现实。她不想再经历那样的折磨，于是提出来说她想坐火车回家。然而，史蒂芬是个绅士，所以根本不可能让她一个人去坐火车。她是应该大吵大闹据理力争，还是闭上眼睛随他去？她最终选择还是要礼貌为上，把自己的不适抛到一边。等车到她家门口的时候，她已经彻底吓瘫了，几乎没说再见就从车里逃了出来。

再一次，两人之间的事可能到此为止了，但是简的母亲一直在门口看着，被女儿的举止惊到了。女儿竟然没有邀请同行的小伙子进来坐坐，真是太粗鲁了。但此时简又改了主意，跑回到大门口。她家的房子位于一个陡峭的山坡上，只见史蒂芬还没发动引擎，就松开了刹车。他一边摸索着找钥匙，汽车一边就开始顺着山坡往下溜。她很庆幸此时自己没坐在车里。就在这时，史蒂芬看见了她，赶紧一脚踩死了刹车。

他们在简家的花园门口，坐在阳光下喝了一会儿茶。他们有说有笑，谈论起头一天晚上发生的事情，此时的他显得既体贴又迷人。此刻，安安稳稳地坐在家门口，简再回想起坐车的可怕经历，心里不那么害怕了。飙车似乎是他们刚刚经历的大冒险的一部分，如果她再见到他的话，还会经历更多。她觉得自己挺喜欢他的，尽管他有些古怪而且鲁莽。说实话，她打心底里喜欢他。

几年后，他们结婚了。在后来的30年里，她爱他，看着他的荣誉和成就不断累积，欣赏他的勇气、才气和幽默劲儿，全身心投入到他身上，给了他一个家，帮他付账单，抚养他的3个孩子，而且后来还要喂他吃饭，给他穿衣，给他洗澡，和他一起经历多次入院看病，经历濒临死亡的险境。在这个过程中，随着时间的推移，她也逐渐失去了自我，随之失去的是她的自我价值。"我是谁？"她开始有了怀疑。"是个无足轻重的人？"

• • •

不管你将来会成为什么样的人，也不管你懂得多么多，在你刚刚读物理学研究生的时候，你都要从最基础的开始。本科时所学的课程，甚至研究生阶段学的课程，虽然都很重要，但那些只是构成了你的背景知识。掌握了那些知识，你相当于一个研究过建筑的建筑师，但是还从未建造过任何真正的东西。要想获得理论物理学博士学位，你必须提出自己的理论构想，或是为一个现有的理论添加一些东西，或者找到该理论需要修正的地方，然后提出修正的方法。只有当你成功地这样做了一次或十次之后，你才能成为一名真正的理论物理学家，并且明白成为一名理论物理学家意味着什么。

大多数情况下，如果你开始读博士，就得在入学后一年左右的时间以内，说服某个教授来做你的"导师"，他要负责监督指导你，让你设计并做好自己的项目。在剑桥大学，程序有点不一样。在史蒂芬申请入学时，就必须确定自己想跟哪位教授做研究。他心目中的导师是当时英国最著名的天文学家弗雷德·霍伊尔（Fred Hoyle）。虽然剑桥大学录取了史蒂芬，但却告诉他，霍伊尔带的学生已经太多了，于是给他分配了另一位理论学家丹尼斯·西阿马（Dennis Sciama）做他的导师。[1]史蒂芬此前从来没有听说这位教授的名字。

读博的时候，找个合适的导师很重要，这不仅是因为你想和导师保持一致，还因为如果你俩的兴趣不一致，你的博士之路会很坎坷。读了物理学博士，最基本的选择是准备搞理论研究，还是准备做实验物理学家。到目前为止，大多数搞物理学的选择做实验物理学家。这是必要的，因为我们需要更多能够设计建造测试某个理论所需的仪器的学者。通常，当你进入研究生院开始读博的时候，你就知道自己内心倾向哪一个阵营了。但这仅仅是个开始。

物理学是一门庞大的科学，由大量的专业和子专业组成。有些人关注的是发现自然的基本规律，其他人则专注于将这些定律应用于特定的现象或系统。例如，在光学中，电磁的基本定律被用来研究光的行为以及它是如何与物质相互作用的，核物理着重于理解质子和中子在原子内部的相互作用，而在量子信息论中，量子理论的基本定律被用于建造超级计算机。

1　Sciama 的发音像 she-ama.

相比之下，对基本定律的研究只建立在两大支柱上。第一大支柱是广义相对论，这是一个关于引力的理论，以及物质在引力的影响下如何运动。但除了引力，自然界还有其他3种力，即电磁力、强核力和弱核力。这些力在广义相对论中没有自己的位置。这些力以及它们的作用，是用所谓的"标准模型"理论来描述的，而这就是基本定律的第二个支柱。

标准模型是量子理论中的一种，建立在马克斯·普朗克1900年提出的量子假设上。该假设指出，某些量，如能量，只能取离散值。在牛顿理论中，能量像水一样，是连续的，而在普朗克理论中，它是由极其微小的单位组成的，就像面粉是由微小的颗粒组成的一样。在量子理论中，粒子、场和宇宙的所有属性都变得"模糊"，且具有概率性。不将这些特征纳入在内的理论被称为经典理论，哪怕它们像广义相对论那样，跟牛顿所提出的原始经典理论相去甚远，但仍属于经典理论。

但是标准模型又不仅仅是一个简单的量子理论。它是一种特殊类型的量子理论，被称为"量子场论"，因为它描述了通过"场"产生的力，就像科幻电影中的力场一样，只不过这些量子场会渗透进入所有的空间和时间。

由于广义相对论是一个经典理论，它和量子理论——比如标准模型——是不相容的。这里我要跟那些没有一直跟踪了解物理学发展的人交代一个背景，那就是，目前的物理学很分裂，一边是经典的引力理论，另一边则是关于其他3种力的量子理论，这二者似乎是相矛盾的，但通常情况下，这些理论各自适用于不同的情况，所以大多数情况下二者井水不犯河水，这种"精神分裂症"尚可控制。然而，这显然远未达到理想的境界，所以在当今世界上，许多物理学家都在孜孜以求，想发明广义相对论的量子版本，即"量子引力理论"（quantum gravity）。他们的最终目标是建立一个包含量子引力和标准模型的单一量子理论。这个尚未被发现的理论将能描述所有4种自然力，因此，爱因斯坦当年将这个尚未建立的理论称为"统一场论"，而现今的物理学家称之为"万物理论"。

史蒂芬刚开始读博的时候，对发展引力的量子理论或万物至理感兴趣的物理学家很少。其中一个原因是，正如我刚才提到的，广义相对论和量子理论能够和平共存。它们描述的是不同的力，而且描述的是不同尺度的自然世界。在物理学中，对广义相对论的研究与对量子理论的研究是平行共存的，就像在生物学中，对哺乳动物的研究与对细菌的研究是平行共存的。

但史蒂芬跟大多数的物理学家不一样。史蒂芬一旦开始读博，认真研究起物理学来，在这些丰富的思想中，让他真正感兴趣的就是广义相对论，尤其是宇宙学这个分支，这门科学试图用广义相对论来解释宇宙的起源和发展。史蒂芬之所以对宇宙学特别感兴趣，是因为只有这个研究领域才有希望回答他现在最关心的"存在"问题。在史蒂芬看来，那些研究基本粒子理论的人（这一理论最终发展成为标准模型）似乎不太关心回答宇宙学的深层问题，而是更关心对许多粒子和力进行分类。他说，他们从事的工作就像"植物学"，他不想参与其中。

史蒂芬最初想选的导师霍伊尔是宇宙学领域的一个大人物。他与其他人共同创立了一个宇宙理论，叫做稳态理论。

史蒂芬对自己被分配到西阿马门下感到很失望。但是这一次，表面看来的坏事似乎又一次变成了好事，因为随着史蒂芬对霍伊尔的稳态理论了解得越多，他就越不喜欢该理论。事实上，开始读博后不久，在霍伊尔在英国皇家学会举办的一次研讨会的问答环节中，史蒂芬就站起来，宣称他发现了霍伊尔的计算中存在一个缺陷，这引起了轰动。几年后，史蒂芬在他的博士论文的第一章对稳态理论进行了批评，这无异于在伤口上撒盐。

霍伊尔是一位伟大的物理学家，他对恒星中的核反应如何由氢和氦产生重元素进行了开创性的研究。但是，作为一名科学家，他有一个严重的缺陷，他一直拒绝承认自己所宠爱的理论——稳态理论——其实已经变得千疮百孔，哪怕是在已经有越来越多的证据证明其存在缺陷的情况下。所以，假如霍伊尔当初真成了史蒂芬的导师，那史蒂芬读博的日子可就不好过了。西阿马也是一位领先的宇宙学家，但他对霍伊尔的理论已经不抱幻想了，所以史蒂芬对该理论的不屑并没有引起师生之间的任何冲突。

尽管史蒂芬很幸运，跟分配给他的导师没有任何学术上的冲突，但他选择这个专业其实是有问题的：史蒂芬那时对宇宙学知之甚少。他在牛津大学读本科时学过物理，但学到的东西不多。好在他进步神速，在短短的几年之内就在这个研究领域崭露头角，这说明他的确是才华横溢。此外，这一事实还告诉我们其他一些关于物理学不为人知的方面。

在理论物理学中，你有可能学得很快，因为这个领域依赖于对概念的理解，而不是像法律或医学那样需要积累大量基础知识。"你不需要死记硬背，"有一次史蒂芬笑着对我说，"只需推导就可以。"这是因为物理学将经验压缩成一种十分紧凑的形式。例如，爱因斯坦的方程式只需要写一行就够了，但这些方程式编码了无数个系统的行为和特性，从行星的轨道，到足球的飞行，再到恒星坍缩成黑洞，都能用这些公式来描述。

爱因斯坦紧凑的方程能够如此强大并不是什么魔术。组成它们的几个符号所代表的概念，需要学习者付出巨大的努力才能完全理解。在某种程度上，我们所有人头脑里都浓缩了自己的经历。如果我们不这样做，这个世界就太复杂了，无法理解。遇到红灯，并不是说福特汽车、丰田汽车、大众汽车等要停下来。我们将所有这些观察都包含在一个原则或定律中："红灯停。"我们这些物理学家所做的正是这样的事情，只不过要千千万万次地去重复观察或实验，然后用优雅的数学公式来描述这些定律，这样我们就可以从一个定律推导出另一个定律。相比之下，律师就不能这样做，因为尽管存在普遍的指导原则，但人类的法律，不同于物理学的定律[2]，是针对具体情况做出的规定，不能从一条派生出另一条。医生也不能从任何一套基本原理中推出人体解剖结构的细节。物理定律能做到这一点，这不啻为一个奇迹，令每个物理学家都为之惊叹。

读博之后，史蒂芬勤奋研读那些浓缩了我们的宇宙学原理知识的书籍和论文，学得很快。

他预计自己用不了几年就会去世，但至少在宇宙学领域，他能把时间花在解决那些令他感兴趣的问题上。

---

2 "法律"和"定律"的英文都是law。——译者注

· · ·

　　史蒂芬和简在1965年的法国国庆日结婚后，在小圣玛丽巷11号租了一幢小而旧的房子居住，这条街靠近剑桥的一座名为小圣玛丽的中世纪教堂，因此得名。里面的房间都很小，天花板很低。房子近期翻修过，但是里面没有家具，他们也没钱买。霍金夫妇只是给新家置办了一张床、一张餐桌、几把椅子和一台冰箱，而且仅仅为了买不买冰箱这事儿他们就争论了整整一个下午。

　　史蒂芬当年23岁，正在读博。简21岁，还有一年时间才能在伦敦读完她的语言专业的本科。一周中大部分时间她都在伦敦，但是到周末的时候，他们会团聚在一起。圣玛丽小屋的优势在于，它离当时史蒂芬的办公室不到100米。然而，虽然说这样上班很方便，但是住在这样的房子里却不那么方便。主卧在二楼，要沿着一段很陡峭的螺旋楼梯上去。卫生间也在二楼。而且房子还有个三层。这段时间，史蒂芬还能独自生活，自己照顾自己。不过，为了去洗手间，他必须抓住绳索扶手，像攀岩者一样把自己拉上楼梯。他每次都要花足足10分钟才做完这件事，即使有别人在场，他也会拒绝帮助。"这是很好的锻炼。"他会说。

　　史蒂芬当时尽最大努力不去理会他的病，即使大家都清楚他的病已经开始给他的生活造成不便。有一次，他去见朋友罗伯特·多诺万（Robert Donovan），然后一起去吃晚餐。他到的时候裤子破了，脸上还有擦伤。很明显，他在路上摔过跤。罗伯特很是担心，想让他去看看医生，但史蒂芬不想去，他甚至连衣服都不想换。他想当作跟什么事也没发生一样，按照事先的计划去吃饭，于是他们就去吃饭了。

在和简结婚之前，史蒂芬住在剑桥的一所宿舍楼里，那里实际上只是一个又大又旧的大厅，后来分成了一间间的学生宿舍。楼的后面有一个花园，有一大片草坪。有时学生们会在那里玩板球。史蒂芬的房间里有一个阳台，朝向那片草坪，看上去很有维多利亚时代的感觉。

一天，史蒂芬的父母弗兰克和伊泽贝尔过来喝下午茶。两人都曾就读于牛津大学，毕业后，伊泽贝尔找了一份她不喜欢的工作，在一家医学研究机构当秘书，这是一份大材小用的工作。但是在这家研究机构，她遇到了弗兰克，他曾经是专攻热带医学的医生，后来转而从事研究工作。弗兰克希望史蒂芬能走他的职业道路，当一名医生。在史蒂芬的3个兄弟姐妹中，只有他的妹妹玛丽继承了父亲的衣钵，而史蒂芬则从来都没认真考虑过当医生这件事。

父母来的那天，罗伯特·多诺万也在。他是化学专业的研究生，比史蒂芬晚一年入学。罗伯特刚到剑桥的头一天史蒂芬就认识了他。罗伯特的宿舍被分配在同一幢楼里，但找不到任何人能打开他房间的门锁，于是就来到后院草坪上，找到一个练习板球的人搭讪。他注意到那个人的步态有点不对劲，那个人就是史蒂芬，而在那之后长达50年的时间里，他们一直都是朋友。

和史蒂芬的父母喝了大约一个小时的茶后，罗伯特因为有作业要做，起身准备离开。弗兰克跟着他出去了一下。弗兰克跟自己的孩子一直离多聚少，每年冬天他都会消失一段时间，在非洲做研究，而且一待就是几个月。但史蒂芬生病后，弗兰克开始更积极地关注他的孩子。他甚至恳求过史蒂芬的导师丹尼斯·西阿马给史蒂芬行一些方便，好让他能在去世之前完成博士论文。西阿马拒绝了他。

弗兰克不认识罗伯特，但他跟着走出门，想跟他说两句，因为他看得出罗伯特和史蒂芬是好朋友。"拜托你照顾一下史蒂芬，"弗兰克说，"帮我留意他的情况，有事就通知我。"没想到史蒂芬跟着他们出来了。他对此很生气，大声对着父亲说："我能照顾好自己。如果需要帮助，我自己会跟朋友说的。你不要再替我求别人了。"

罗伯特点点头，但同时瞥了史蒂芬的父亲一眼，意思是："别担心，我会照你说的去做的。"那是在1963年。罗伯特和史蒂芬之间的关系非常亲近，亲密程度几乎能跟史蒂芬和简的关系相比。罗伯特和他的妻子给他们的第一个孩子取名为简，史蒂芬和简给他们的孩子取名为罗伯特。在接下来的7年里，他们经常见面，直到罗伯特离开伦敦前往爱丁堡就职，他一直在那里工作。

尽管这样一来，他们之间有了空间的距离，而且史蒂芬后来声名鹊起，而显赫的名声往往有可能破坏人们之间的友谊，但罗伯特和史蒂芬一直都是最好的朋友。史蒂芬很喜欢去爱丁堡，罗伯特也随叫随到，喜欢来剑桥参加史蒂芬的家庭聚会，或者是参加史蒂芬搞的著名派对。甚至，有时仅仅是因为史蒂芬说他想见一面，他也会不辞辛苦地赶来。后来，许多年过去了，史蒂芬的身体已经失去了独立行动的能力，罗伯特仍然会深情地回忆起那天的下午茶时光。这让他想起史蒂芬的身体和他的精神能相匹配的时光。

史蒂芬的父亲于1986年去世，母亲于2013年去世。罗伯特在剑桥的7年里，从来没有想过要打电话提醒史蒂芬的父亲有关史蒂芬的状况。而且在他们接下来几十年的友谊中，对罗伯特来说，史蒂芬的情况从来都不像是有什么值得警惕的。直到2017年的一个晚上。那是12月，那个月份剑桥大学城里寒冷且阴郁。那时史蒂芬和简已经离婚20多年了，但他仍然经常见罗伯特。那天他们正准备外出去参加剑桥大学盛大的晚宴。史蒂芬开始在他的语音合成器里打字。

"我觉得……"他说。

但是只有这半句话，史蒂芬在继续打字，罗伯特则一直等着。五六分钟过去了，后面的话似乎永远也说不出来。最后，后面的话终于出来了。

"我觉得我时日无多了。"史蒂芬说。

罗伯特吃了一惊。他觉得史蒂芬的情况并不多么糟。他为什么说这些话？就像几十年前史蒂芬摔倒的那个晚上一样，罗伯特敦促他看一下医生，或者至少呆在家里休息一下。但史蒂芬不想这样，他想去吃晚饭，他们去了。而那天晚上也是罗伯特最后一次见到他。

4

那些失去了享受大部分肉体快乐能力的人会更珍惜那些少许还能享受到的东西。一个触摸，一首交响乐，某种气味或味道。吃饭对史蒂芬来说总是很重要，而且吃饭时也是跟其他人交流的时间。吃饭的时间是他的数学世界里的一个留白，让他能转而参与到人类领域的事情。不过，即使在吃饭的时候，史蒂芬敏锐的思考过程也从不中断。如果说他对待物理学和对待人一样，都有些顽皮的态度，那么同时，他对待人的态度也和对物理学一样的敏锐。

有一次朋友聚餐，他碰巧和三一学院的一位来自南非的工程师坐在一起，当时史蒂芬还在攻读博士学位。那位工程师刚到剑桥。假如说他当时像我一样，刚到剑桥的时候尤其是来到牛顿曾经就读的三一学院，对什么都感到惊奇，那么他并没有表现出来。他所做的，反而是骄傲地吹嘘南非的情况。据那位工程师说，在他的家乡，这段时期非常好。

史蒂芬从来都不善于克制自己并掩饰内心的想法。有一次，在他成名之后，他在柏林访问时被邀请作为贵宾观看歌剧《蝴蝶夫人》的一个现代版的演出。结果，演出水平一般。

之后，当地大学的校长很高兴地接待了史蒂芬，问："霍金教授，您觉得这次演出怎么样？"史蒂芬回答说："不是很好啊，你觉得呢？"接待者对这个回答感到惊讶，但是他马上回答说："是的。我同意您的评价。"

这位南非工程师的一番高谈阔论既不能算是平庸，但也绝不算高明，那只是他的意见而已。问题是，他夸夸其谈，滔滔不绝。这引起了史蒂芬的注意。史蒂芬对此有自己的想法，而且他不想把这些想法憋在心里。他问那位工程师："那南非的黑人怎么样呢？"

"他们无关紧要。"工程师说。20世纪60年代早期，有人这么回答并不奇怪。

"为什么他们无关紧要？"史蒂芬问。

"他们连自己都不能照顾。"那人回答说。他接着谈到了南非的种族隔离政策，并且说，这种政策很有效，也是必要的。

史蒂芬没有就此展开争论，他只是不停地问问题。在挑战别人所坚信的东西的时候，他不是直接反驳他们，而是以苏格拉底的风格，通过不断地追问迫使对方意识到自己所说的话究竟有何含义。

工程师不停地说啊说，陈述他"知道"的事实。他以前从来没有仔细核查过这些事实。但是史蒂芬把他们晚餐期间的谈话变成了对这个人所持信念的探索，而那位工程师此前显然从来没有做过这样的探索。最后，那个人慌张起来。等到他无路可退的时候，才开始认识到自己关于种族隔离和黑人本质的信仰到底是怎样的，并开始质疑自己原本的认识。

一位曾经教过我的物理学教授给过我这样的建议："如果你喜欢问问题，喜欢寻找答案，那就去当物理学家。如果你喜欢学习记住答案并付诸应用，那就去当工程师。"这是一个大体上的概括，它揭示了这个领域深层次的哲理，也说明了不同类型人才思维上的差异。你是喜欢学习并应用知识呢，还是喜欢提出疑问并创造知识？在不断追问，引导那位工程师改变认识的过程中，史蒂芬的做法完全出自自己的本能，因为正是通过质疑自己和其他人的信仰，才会有重要的发现，不仅在日常生活中如此，在物理学中也是如此。

那位工程师对他的国家的看法就像大多数人对夜空的看法一样，他们认为夜空就是在广袤但毫不重要的黑色海洋中点缀了一些星群的白点而已。通过他的提问，史蒂芬让他看到夜空中的星星不仅仅是一些小亮点。史蒂芬也是这样对待他的物理学同行时。当他们只是对恒星和星系感到惊奇时，史蒂芬问：它们之间的空间是怎么回事？空间是从哪里来的？这一切是怎么开始的？在试图理解我们存在的意义时，这些因素对他来说似乎是最基本的问题。然而，当初，在史蒂芬开始他的博士生涯时，很少有人问到这样的问题。

那段时期，广义相对论和宇宙学正处于萧条时期。物理学家对宇宙的诞生缺乏兴趣，这一点似乎自有其道理，因为物理学是一门实验科学，而宇宙的起源不是我们可以直接观察到的东西。因为光到达我们这里需要时间，通过观察来自遥远星系的光，我们所做的基本上等于是回顾过去，但我们能看到的过去不够久远。20世纪60年代早期，没有人知道是否有任何间接的方法来检验宇宙的起源理论。由于存在这些问题，物理学家倾向于认为宇宙学是伪科学，是实验测试领域之外的数学游乐场。1964年，物理学家偶然发现了宇宙大爆炸遗留下来的微弱余辉，即宇宙微波背景辐射。此后，宇宙学研究开始发生改变。不过史蒂芬开始在剑桥读博的时候，距离做出上述发现还有一两年的时间。

当时，人们面临的另一个问题是很难理解爱因斯坦的理论到底预测了什么。就像物理学中的任何理论一样，爱因斯坦的理论是一套关于它所代表的内容以及如何应用该理论的数学和规则。为了找到该理论对一个特定系统的解释，你必须使用这个理论来建立适合该系统的方程，并解出这些方程，或者至少得到近似解。大多数情况下，爱因斯坦的方程都极其难解，所以今天我们会用超级计算机来研究它们的含义，但当时学者们能用上的计算机的运算能力非常弱。

由于存在这类困难，当史蒂芬来到剑桥学习时，对广义相对论和宇宙学进行研究的主要是数学家，他们的工作脱离现实，提出的宇宙模型不太现实。他们对这样的研究孜孜以求，但外人谁也不太注意他们的论文。由于这方面的研究质量不高，加州理工学院的物理学家理查德·费曼在1962年华沙的一次探讨引力的会议上给他的妻子写信说："因为没有办法做实验，这个领域不太活跃……但是这里面有很多让人兴奋的话题，这对我的血压不好。人们侃侃而谈，净是些空洞的议论，大家却很投入，弄得我也卷入了争论……"

当时，大多数物理学家一致认为，关于宇宙起源的问题是个死胡同，但正是这些问题让史蒂芬神往。因此，对待这些问题，他毫不气馁，而是认为，这个领域目前所呈现的一潭死水的状况其实是一种优势。对他来说，这片领域并不是"死气沉沉"，而是"正当成熟之季"，而他正是来采摘果实的人。

在科学界以外的人看来，理论物理学家似乎主要是解决问题的，但是其实，比解决问题更重要的是提出问题，因为你能提出怎样的问题，决定了你能找到怎样的答案。所提出的问题既反映了你看待世界的方式，也决定了你看待世界的方式。史蒂芬有一种特殊的本领，他能判断出哪些事情不重要（往往后来被证明确实不重要），将其搁置在一边，并迅速识别出真正核心的问题。他凭直觉提出了正确的问题，并对其他人的可疑假设提出了质疑。正因为如此，史蒂芬被视为一个叛逆者。这个角色对他来说很自然——他无视所谓的传统智慧，就像他无视道路限速和医生的建议一样。他驾车的时候疯狂且不顾一切，在研究物理学的时候也狂野奔放，无拘无束。但这并不是鲁莽。在物理学方面，即使是在读博士研究生的时候，史蒂芬一直都知道自己想去哪里，以及为什么要朝那个方向走。

· · ·

物理学被认为是推理和逻辑的领域。这是其中很重要的一部分，但是为了进行逻辑推理，你首先必须有一个思维框架来定义你所做的假设，定义好将要使用的概念，以及你想要回答的问题。人们通常会接受从他人那里、历史上或过去继承来的框架，但从不质疑这些框架，也不对其进行仔细的检查。

这一切是如何开始的？这个问题一直纠缠着史蒂芬。两千年来，人们认为，宇宙要么一直存在并且是不变的，要么是在某个时刻被创造出来的（例如像圣经中描述的那样），并且从创造之时起相对来说是不变的。[1]从亚里士多德到康德的一众哲学家，甚至包括艾萨克·牛顿在内的许多科学家都相信这一点。

其实按照牛顿的智识，他本应该对宇宙的属性有更清醒的认识。当每个星系和恒星都会通过引力的作用，把其他所有星系拉向它的时候，一个星系和恒星的集合如何能保持一个固定的结构呢？这些天体难道不应该随着时间的推移而渐渐汇聚到一起吗？而且，既然"永远"是极其漫长的一段时间，难道所有的物质不都应该早就聚集到一起，形成了一个庞大而致密的物质球了吗？牛顿其实意识到了那时的宇宙模型存在这个问题，但他又说服了自己，认为如果宇宙是无限大的，聚集就不会发生，然后就不再去考虑这个问题。他这么做其实是错误的。在牛顿之后，其他人试图修正他的理论，使引力在远距离上具有排斥性。他们采用了一种数学上的改变，这种改变小到不会对行星的轨道产生明显影响，但大到足以使宇宙不会坍缩。然而他们并没有成功。甚至连爱因斯坦也加入了这个游戏。他在广义相对论方程中增加了一个额外的"反引力"项，称为"宇宙常数"，以提供阻止宇宙收缩所需的斥力。[2]

认识到所有这些杰出的哲学家和科学家都搞错了，并且发现宇宙正在变化、扩张和演化，是20世纪最非凡的科学发

---

1 他们所说的"不变"指的是宇宙尺度上的不变。显然，小范围的变化是自然的一部分——行星绕轨道运行，岩石坠落，人的生死等等。

2 宇宙常数只在非常大的尺度上起作用。对于它带来的影响，当时可用的任何技术都无法测量到，因此，爱因斯坦可以自由选择是否将其纳入公式。到了1998年，情况发生了变化。科学家发现确实需要这个因子。

现之一。这一发现首先要归功于美国天文学家埃德温·哈勃（Edwin Hubble）。在决定去芝加哥大学攻读博士学位之前，哈勃曾在印第安纳州新奥尔巴尼的一所高中教过西班牙语，还当过篮球教练。毕业后，哈勃很幸运地在1919年来到加州理工学院附近的威尔逊山天文台工作，有一台新望远镜正在那里建造安装。当时，人们普遍认为，宇宙只包含银河系这一个星系。可是，在1924年，哈勃发现此前天文学家在观测星云（延伸在恒星之间的白色云状物）时看到的斑点，其实是银河系之外的其他遥远的星系。而且，使用威尔逊山天文台的这座望远镜，不论在多么遥远的宇宙深处都能发现这类星系团。我们现在知道，它们其实延伸得更远。

因为恒星是炽热的，它们大气中的原子处于高能量状态。其中一些能量是动能，但另一些储存在内部，在原子中的电子中。量子理论告诉我们，那些绕轨道运行的电子的能量只能具有固定的值。当一个电子从一个这样的能级跃迁到一个较低的能级时，原子发出的光的频率反映了电子本来的能级和后来跃迁到的能级之间的能量差。每个元素都有一套独特的能级。因此，氢、氦和其他元素的原子都发射出一组独特频率的光。这种光谱相当于一种指纹，可以用来判断光的来源。天文学家利用这种指纹就能判断彗星、星云和各种类型的恒星的组成物质是什么。

在威尔逊山天文台工作的时候，哈勃注意到，与我们在地球上观察到的原子发出的光的光谱相比，其他星系发出的光谱会向频率较低的一端偏移，即朝光谱的红端偏移，这就是所谓的"红移"。他还指出，星系距离我们越远，"红移"的程度越大。

哈勃用来判断星系移动情况的这种频率变化现象，最早是由奥地利物理学家克里斯蒂安·多普勒在1842年首先发现的。多普勒发现，我们从任何光源观察到的光的颜色取决于它相对于我们的运动情况。当光源发射出光的同时远离我们时，光会变得更红，而接近我们时，光会变得更蓝。根据多普勒的理论，哈勃得出结论认为，所有的星系都在远离我们，而且离我们越远，星系的退行速度就越快。据此他得出结论说：宇宙不仅比任何人想象的要大得多，而且还在不断膨胀。当年的人们听到这个结论时，脑子里简直是嗡的一声，感觉难以置信。

天体物理学家有时用"葡萄干面包"作为类比来解释哈勃的想法。在我跟大家描述这个葡萄干面包之前，有一点知识很重要，需要大家记清楚：宇宙的膨胀跟炸弹的爆炸有本质上的不同。炸弹爆炸是将炽热的气体和弹片发射到已经存在的空间中，但是宇宙之外没有"外面"。我们这些物理学家在说宇宙膨胀时，指的是空间本身从内部膨胀：如果你选择任意两点，它们之间的距离会随着时间流逝而增加。

葡萄干面包的比方是这样的：想象一下，你处在一个满是葡萄干的面团里，这些葡萄干分布得很均匀。整个面团代表宇宙的三维空间，而里面的葡萄干代表一个个的星系团。其实这个模型有一个缺陷，因为面团代表的空间有一个边缘，即面团的外表面。宇宙空间没有这样的边界，但在这个类比中，这个差别并不重要。现在让面团发酵，直到它的半径翻倍。本来离你1英寸（1英寸＝2.54厘米）的葡萄干就变成了2英寸，比开始时多了1英寸。在这种情况下，一开始3英寸远的葡萄干现在变成了6英寸远。它在相同的时间内移动了3英寸，所以它远离你的速度是第一个物体的3倍。类似地，一开始5英寸远的葡萄干现在的距离是10英寸，在这段时间内移动了5英寸。随着面团不断膨胀，所有的葡萄干都会远离你，而且某个葡萄干离你越远，它退得就越快。

1929年，在达尔文发表了他的生物演化理论将近一个世纪之后，哈勃发现宇宙也在演化。但是宇宙稳定不变的观点并没有轻易地退出历史舞台，物理学家们编造了一些理论来挽救他们所珍视的先入之见。这可就是物理学家们的专长了，他们一直都擅长编出一套套的理论来，其中最著名的一个就是弗雷德·霍伊尔提出的稳态宇宙理论。拥护这个理论的人并不怀疑遥远的星系正在远离我们，但是该理论假设新的物质在不断地被创造出来，所以当宇宙膨胀时，物质的密度保持不变，新的物质会填充在新的空间中。这样，宇宙就可以在大的宇宙尺度上保持不变。

稳态理论当时的主要竞争对手是大爆炸理论。霍伊尔完全排斥后一种理论，不想与其有任何关系，但该理论的名字却是他起的。这句话来自于他1949年给BBC做的广播节目中发表的一段评论，当时他称大爆炸理论为"宇宙中所有的物质都是在遥远过去的一个特定时间的一次大爆炸中产生的假说"。有人说他造了"大爆炸"（big bang）这个词来讥讽这种理论，但他本人对此说法予以否认。真实情景到底是怎样的且不管它，但这个词被人们保留了下来并沿用至今。

如果某个理论引起了很多人的兴趣，物理学家首先要做的事情之一就是给它起个名字。有很长一段时间，人们对"大爆炸理论"不感兴趣，其中一个表现就是，直到它被提出20年后，才被命名为"大爆炸"。这一理论是由一位才华横溢的比利时神父兼物理学教授乔治·勒梅特（Georges Lemaitre）提出来的。他是从分析爱因斯坦的方程式着手提出这一想法的。1927年，他在研究爱因斯坦的方程式的时候，得出结论认为宇宙一定在膨胀——这比哈勃通过观测证明宇宙确实在膨胀早了两年。他接着指出，如果宇宙在变大，那么它在过去一定比现在小，而且你越是回溯到过去，宇宙就越小。在1931年，他得出结论说，在过去的某个时候，宇宙的大小一定是零——换句话说，宇宙的所有质量一定都集中在一个点上。他将那个状态称为"原始原子"。

宇宙大爆炸理论似乎暗示宇宙存在一个创生的时刻，但聪明的物理学家们又一次找到了一种方法，避免得到这样的结论。他们创造了一个特殊版本的大爆炸理论，在这个理论中，回到过去，物质并不都收缩到一个单一的点，而是收缩到一个极小的体积，因此，当时间倒回去时，物质粒子可以相互滑过去，错过彼此。这样一来，粒子就不会撞到一个点上，而是会互相靠近，接着错开飞过去，然后重新分开得更远。这样以来，宇宙将是永恒的，但它将有交替的膨胀和收缩周期。当史蒂芬进入剑桥大学时，相信稳态宇宙和各种形式的大爆炸宇宙理论的人已经分成了不同的阵营——至少在那些对此做过一些思考的少数物理学家中是这样的。

有一次，我提到了宗教的话题，史蒂芬告诉我，他并不研究"形而上学"类的东西。像哲学家一样，史蒂芬想要回答一些"大问题"，但他想用科学来回答，而且他知道，用科学回答要难得多。在科学中，仅有理性是不够的。在哲学中，你可以自由地创立各种理论，但是在科学上，实验会证明你是错的。史蒂芬认为，从牛顿到爱因斯坦，科学家反复被他们所持的哲学和宗教信仰所误导，被那些没有理论或实验支持的物理学思想所迷惑。所以，对于宇宙是永恒不变的这一信念，他提出了质疑。同样重要的是，他对另一个更为普遍的看法——即这个问题在物理学上无足轻重——提出了质疑。

• • •

在剑桥的知识库中，史蒂芬·霍金的博士论文盖有"1 FEB 1966"日期戳记，论文题目是《膨胀宇宙的性质》（ *Properties of Expanding Universes* ）。那时他24岁。论文开篇写道："本论文检验了膨胀宇宙所蕴含的一些内容以及相应的后果……"论文是由简代为打字的，因为史蒂芬那时已经不能打字了。论文总共有四章，其中还有一些划掉的字词，以及手写的公式。最后一章大约有20页，正是这一章使史蒂芬在他的同行中名声大噪。

史蒂芬是在1962年10月来到剑桥学习的。读博的头两年，他结交到了毕生的好友，找到了老婆，但在物理方面，他却游移不定。他研究广义相对论，试图攻克他和导师西阿马认为很有前途的各种问题，但没有发现任何值得注意的东西。

这些研究构成了他博士论文的前三章，并不引人注目。这3个章节相对独立，对各种想法进行了数学分析，提出了一些有趣的观点，主要是从数学角度批评霍伊尔的稳态理论。但这项研究工作存在漏洞，而且还留有一些悬而未决的问题。如果论文只有这几章，可能还不足以让史蒂芬获得博士学位，当然更不会让他出名。但是由于史蒂芬此前读到了一位33岁的数学家罗杰·彭罗斯（Roger Penrose）的著作，受其启发，他又给论文增加了第四章，这一章与其他章节并无太大关系，但日后开启他的职业生涯的正是这一章。1965年1月，彭罗斯在伦敦的国王学院举办了一次研讨会，史蒂芬借此了解了彭罗斯的研究成果。史蒂芬比彭罗斯小10岁，他一直积极参加这一系列的研讨会。但不巧的是，他并没有参加这次会议，好在他从剑桥的同事布兰登·卡特（Brandon Carter）那里了解了研讨会的内容。

如果说谈及宇宙，我们应该考虑所有物质对所有其他物质的引力，那么在考虑一颗恒星的时候，引力也同样重要。例如，人们可能会想，为什么所有这些引力合在一起不会导致恒星自身坍缩。答案来自于恒星内部的核反应。核反应给恒星提供热量，使气体产生膨胀的趋势，从而平衡了引力的坍缩效应。彭罗斯在演讲中描述了这样一种情形：当一颗大质量恒星燃烧完自身的核燃料后，会开始冷却，那么，在这之后会发生什么呢？他提出，当这种情况发生时，垂死的恒星会在自身引力的作用下开始坍缩。

彭罗斯认识到，坍缩是一个复杂而混乱的过程，并不一定能维持恒星原有的整齐的球状对称性。因此，坍塌可以按照两种可能的情况进行。其中一个让人想起了大爆炸理论的一个版本，在那个版本中，粒子彼此滑过：当恒星坍缩时，它的组成部分可能都落向恒星的中心，但不会完全落向同一点。然后它们可能会越过对方，导致一个新的扩张阶段。在另一种情况下，尽管坍缩造成了混乱，但恒星的物质都被吸引到它的正中心，在那里物质被压成一个单一的点，在这个点上物质的密度是无限的。

彭罗斯最终证明，第二种可能性正是爱因斯坦的方程式所要求的。1969年，物理学家约翰·惠勒（John Wheeler）将这种中心有一个无限密度点的死亡恒星称为"黑洞"，但在1965年的时候，人们还没有对它们产生足够的兴趣，没有人针对它们提出一个得到大家一致认可的名字。

物理学家把物理量无穷大的点称为奇点。物理学家之所以要避免奇点出现，是因为我们想避开无穷大；而之所以要回避无穷大，因为尽管它们可能出现在数学中，但却不会出现在现实世界中。我们测量的任何东西都不是无限的，所以我们断定，任何预测奇点发生的理论都是错误的。

作为一种变通方法，物理学家试图找到一种方法来证明奇点的存在是有争议的。他们想到了几个选择。一是指出爱因斯坦的理论不是量子理论，因此在恒星坍缩的某个时刻—— 当它达到某一微小尺寸时 ——如果不进行一些（有待发明的）修正，他的理论将不再适用。这种修正会消除奇点吗？我们不知道。另一种说法是，既然我们无法观察黑洞内部，奇点就永远是隐藏的 ——无法观察到 ——因此也就无所谓了。听起来很合理，但事情没那么简单。黑洞可以旋转，一些深奥的计算表明，这种旋转可能会暴露出奇点。所以关于这个问题还没有定论。

史蒂芬在他的论文中加入的著名章节与这些都没有关系。彭罗斯的工作激发了许多理论家开始思考黑洞，而史蒂芬却像往常一样，朝自己的方向出发。他认为，恒星在引力作用下会发生坍缩，这让人想起大爆炸，只不过是反向的。如果宇宙本身就像一个巨大的黑洞，如果你让时间倒流，它就会像彭罗斯描述的一颗恒星那样坍缩，这种情况该如何描述？他能借用彭罗斯的数学方法，来获得连爱因斯坦都未能想到的见解吗？他能证明，按照爱因斯坦的方程，宇宙大爆炸一定会发生吗？而不是预言了膨胀和收缩重复循环的那个版本的宇宙学？

就像伽利略通过改进原始的望远镜的光学效果，用它开始观测夜空一样，史蒂芬此次是利用彭罗斯的数学来研究宇宙。他的博士论文的第四章，以及随后几年与彭罗斯本人一起进行的研究，使史蒂芬的声誉很快就超过了他的导师丹尼斯·西阿马，而且最终超越了他原本想要投靠的导师，声名显赫的弗雷德·霍伊尔。他证明大爆炸以及奇点是广义相对论的一个不可避免的解。不存在什么膨胀和收缩的循环，而是只有一个开端，在那一刻——尽管物理学家们不喜欢这一点，宇宙被塞进了一个零体积的空间。至少，这些结论是爱因斯坦方程式的必然结果。

大约跟史蒂芬做这些理论研究工作的同时，从事观测的天体物理学家开始寻找大爆炸的实验证据。核物理表明，在事件发生后的最初几分钟内，极端的温度和压力会导致一些氢核（质子）发生聚变，形成氦。进一步的详细计算表明，我们应该发现大约每10个氢核对应1个氦核，而天文观测也证实了这一点。大爆炸理论还预言，那次事件产生的一些辐射会持续到今天，变成宇宙微波背景辐射。这一点在史蒂芬提交博士论文两年之前也被发现了。但指出大爆炸是爱因斯坦方程式推导出来的必然结果，相关的数学证明是史蒂芬做出的，而且这一丰功伟绩在他进入物理世界之后的第一次重大尝试中就完成了。

5

在上次撑篙游览剑桥过去了好几个月之后，我又来到了剑桥。几天前，一来到这里，我和史蒂芬就开始工作了，并且取得了一些进展。有一天，史蒂芬上午就发了一封邮件给我，这有点不寻常。我对邮件里的一个建议很不解，所以我迫不及待想和他讨论一下，就又来他办公室了。目前看来，对书中要写的内容，我俩的意见总体上是一致的，但是从这封邮件内容来看，他似乎想对一个重要的话题做一番大修大改。

上了楼，走到史蒂芬办公室门口时，我看到他的门是关着的。现在再遇到这种情形，我知道该怎么做了，所以我决定在走廊里先溜达一会儿。我朝他房门左边的绿色黑板看过去。这块黑板看起来很古老，放在这里有些不合时宜。这栋楼整体的建筑风格很现代：史蒂芬的房门是黑色的，上面的门把手是金属质地的，墙体是紫色的，上面有一块黄色的布告板，布告板上贴着一些即将到来的会议安排。在现在这个广泛使用白板和白板笔的年代，那个落满灰尘的黑板显得有些格格不入。上面那些学生随手画上去的时空图也是过时的东西了，那些图是用来帮助物理学家设想广义相对论中的过

75

程的。这种图表是爱因斯坦大学时的教授赫尔曼·闵可夫斯基（Hermann Minkowski）在 1907 年发明出来的，现在已经不大用了。

由此，我想到了闵可夫斯基。一个世纪前，在苏黎世工作的他有了一个"伟大的想法"，并把它的草图画在了自己的黑板上。受到爱因斯坦狭义相对论的启发，他给该理论的数学表达在三维空间的基础上加上了时间这第四个维度。爱因斯坦的发现的确是一个重大的突破，这一点毫无疑问，但是，现在我们说的"时空"的概念是闵可夫斯基提出的。

我们都喜欢谈论"大"的想法。但是，想法不是终点，而是起点，至少在物理学中是这样的。当你脑海里产生了一个想法，不管是什么想法，物理学中的挑战之一就是弄明白其中有什么含义，其细节如何用数学来表达，从而把它和更大的知识体系联系起来，让它变得有意义。时空坐标所带来的挑战就是定义"距离"的真实含义，因为现在时间加入进来，成了这个体系中的第四个坐标。我们都很熟悉两个地点之间的空间距离的概念，但是当 A 和 B 两个点之间既有时间差距，又有空间差距时，它们之间的距离是多少呢？[1] 在此我们没必要讨论闵可夫斯基对此问题提出的数学计算方法，重要的是他确实找到了问题的答案，而且，由于他对距离提出了新的解释，这使得他的时空概念产生了重要的影响。事实上，这一概念对爱因斯坦后来发展广义相对论起到了关键的作用。

---

[1] 空间由纬度、经度和高度三个维度组成。你通过这三个维度的差异来了解一个地点离另一个有多远。时空是由"事件"发展而来的，而所谓的事件，指的是带有时间刻度的空间点，空间内事件的区别在于它们之间的时间差以及它们的空间距离。

闵可夫斯基在描述他的发现时说道:"我想向你们展示的空间和时间的观点……是彻底不同的。从今以后,空间和时间这两个概念作为单独的概念将不复存在,只有两者的结合才是一个独立的实在。"后来的科学研究表明,他的这一预言确属真知灼见。

站在走廊里,我突然意识到,每当我们回忆起闵可夫斯基的时空观时,我们都在超越时空的限制,触碰他的思想。当我意识到史蒂芬和闵可夫斯基是有同样影响力的人物的时候,我身上立马起了一层鸡皮疙瘩,从现在算起,一个世纪后,某个眼界开阔、对史蒂芬的设想充满敬畏的物理学家站在一堆图表和方程式前,也会感觉到和他的思想产生触碰。

如同闵可夫斯基一样,史蒂芬把相对论的研究往前推动了一大步。但是史蒂芬推动的方向可能违背了爱因斯坦的本意。爱因斯坦并不认同量子理论,他提出的广义相对论和量子理论的原理相矛盾。爱因斯坦后来又花了几十年继续研究广义相对论,这期间几乎没有其他人研究这个理论,所以这种矛盾当时并没有让多少物理学家感到困扰。史蒂芬在关于早期宇宙以及关于黑洞的理论中,想办法将广义相对论和量子理论结合在一起,证明了两者结合的潜力,并将相对论物理学引向了一个新的方向。

广义相对论和量子理论堪称人类智慧的两大结晶,这两个成就同样美丽优雅,灿烂夺目。两者都影响了今天的科技的发展,也都影响了物理学家对自然的理解。然而,这两种理论不可能同时成立。它们相互矛盾,相互冲突。随着我对史蒂芬的了解与日俱增,我知道他擅长调和互相矛盾的理论和观点,这对他来说就像候鸟要迁徙一样自然。即使史蒂芬死去，他的思想也会一直影响世人，虽然他身体羸弱，但是他拥有着强大的思想力量，他的预测很大胆，但他的研究却很严谨。对史蒂芬来说，矛盾不仅仅是一种生活哲学，更是一种生活方式。

• • •

在我等待史蒂芬的房门打开的这段时间里，我把我们需要重新讨论一遍的大量材料在脑子里过了一下，回想了我们在一起的时光是怎样度过的。我想起，史蒂芬想要表达自己的观点时总要克服极大的困难。我必须适应和他在交流时所遇到的障碍，谈话的时候我必须耐心地坐在一边，等待他打出他要说的话。

在他确诊患了肌萎缩侧索硬化症的头20年里，史蒂芬说话的机能一直在不可逆转地退化。最后，只剩几个人可以听明白他要说什么——简、基普、罗伯特·多诺万，还有他的几个博士生。他们充当了翻译的角色，只有他们在，史蒂芬才能和别人交流。但是在1985年，史蒂芬感染了严重的肺炎。那年他43岁。生病的几个星期以来，他只能靠呼吸机维持生命，每次医生想要拿掉呼吸机时，他都会痉挛窒息。医生告诉简，唯一让史蒂芬保住生命的办法就是做气管切开术，而且这个手术是不可逆的，意味着史蒂芬以后再也不能开口讲话了。史蒂芬在病中没办法签字确认，所以简替他做了决定。她在手术确认单上签了字。手术之后史蒂芬身体慢慢恢复了，但是自那之后，他和外界唯一的交流方法就是通过拼字卡片进行。跟他沟通的人要指着卡片上不同的字母，当他们指到史蒂芬想要的字母时，他会扬一下眉毛，谈话者把字母拼成词汇和句子就知道史蒂芬的意思了。

这种情况下，史蒂芬觉得自己虽然还活着，但是却和死了没什么分别。他很难认同自己所接受的手术是不得不做的，而简居然在手术同意单上签字了，这让他非常生气。在那段没办法直接和别人交流的时期，他第一次因为病情而感到沮丧，变得很消沉。

大约过了一年，史蒂芬的助理朱迪·菲拉（Judy Fella）在英国广播公司的报道中看到了一篇报道，谈到了一种为重度残疾人设计的电脑程序。她联系到了发明者，没过多久，史蒂芬就用上了他后来一直使用的通讯系统的初代版本。对史蒂芬来说，有了新技术的帮助，造句就像玩电子游戏一样。光标会在屏幕上移动，他可以通过脸颊肌肉的动作去激活眼镜上的传感器，以此来选取字母。当他输完所有内容之后，会点击一个图标，然后他那个著名的机器人声音就会把他打出来的内容读出来。运气好的时候，他一分钟可以说6个词，虽然速度不快，但是至少可以和大家交流了，更重要的是，他不再依赖别人帮他翻译了。这是多年来他第一次可以自如地和别人进行私人谈话。

当我们在加州理工学院合作撰写《时间简史（普及版）》，并制订《大设计》的写作计划的时候，我就体验过他每分钟6个词的说话速度是一种什么样的感觉了。尽管如此，我还是不习惯。有时候等一分钟能等到他的回复，但有时候需要等5分钟甚至10分钟。一开始，等的时候我会走神。后来我学会了放松，让自己处于半冥想的状态。但是如果说写《时间简史（普及版）》的工作量就像跳过一个小土堆，那么写《大设计》的工作量不啻于翻越一座高山。我不能再像之前那样趁机进入冥想状态了。

在写《大设计》的时候，我开始利用史蒂芬打字的时间去思考手头上的问题。我开始感觉到这种停顿在我们的意见交换中也是非常有价值的。相比于跟正常人交谈，跟他交流的时候我能更深入地思考问题。在普通对话中，各方会立即回答问题，而那样就没有了思考的时间。有时候我想，每个人都应该以我和史蒂芬的这种方式交谈。但我也意识到，普通人也没必要这样慢腾腾地交流。

我们的关系更亲近了之后，交谈方式也变化了。我开始了解到打字并不是史蒂芬最主要的沟通方式。正如盲人的听力会更好一些，史蒂芬的非语言交流能力也比常人好些。他的好友们学会了利用这一点，先开启对话或者引导对话过程，然后观察他的反应。就像物理学家观察光是如何在原子上散射来研究原子的特性那样，他们会在说话时密切关注他，用他们自己的话探知他的思想。史蒂芬会在必要的时候说上一个词或一句话，但他传达感情最主要的方式是通过面部表情，也就是他眼睛、眉毛和嘴巴之间的微动作。他的一些表情是很明显的，比如做鬼脸，但是其他的表情之间的区别却不大。有时你会觉得自己似乎明白他的意思，却不太清楚他是如何表达的。表情是一种特殊的语言，只有当你和他接触得足够多之后，才能领悟他表情的含义，就如同他做气管切开术之前，只有一部分人能够听懂他含糊的话语。对史蒂芬来说，言语并不是交流的主要方式，只是交流中的调味品。

• • •

过了许久，史蒂芬的门还是关着。这次门关的时间太长，我都有些不耐烦了。我朝朱迪思那边看了一眼，她在自己的办公室里，歪头用肩膀夹着电话听筒，语速很快地说着什么，同时翻看着一堆堆信件。

史蒂芬的世界里总是忙乱不堪，每当事情刚尘埃落定，他就会给自己折腾出别的事情做。他这个人喜欢精益求精，写《大设计》也是这种作风。当我们完成《时间简史（普及版）》的创作后，我问他想不想再合作写一本书。我的想法是把内容放在他最新的物理研究上，我对这个一直挺感兴趣的。如果我们写一本只是关于物理学的书，那这本书一定会很棒而且具有前瞻性。但是在我提出建议后不久，史蒂芬就有了一个更大胆的想法。

在《大设计》这本书里，他想要讲述他最新的研究在哲学方面的含义。"我想用新的理念解释理论物理学。"他告诉我。这是一个相当大胆的想法。我对这个提议挺感兴趣的，但是也认识到，我们对这个话题不能太认真，因为，一方面，我们毕竟不是哲学家，不是这种形而上思想领域里的专家。另一方面，我觉得尝试说明物理学家如何看待他们的工作以及他们与世界的关系没什么错，而且这本书的科学内容确实引发了这种哲学上的讨论。

在史蒂芬那天早上发给我的邮件中，他说要把书的内容写得更有哲学意味，我看后很是吃惊。邮件中，他写到了一些他建议可以插进第一章的内容。内容如下："我们如何能够理解我们所处的世界？宇宙是怎样运行的？实在的本质是什么？这一切都从哪里来？宇宙需要一个创造者吗？"

之后他还写道："之前这些问题是哲学所要研究的，但是哲学已死……"

我当时想，在一本我们自称"理论物理学的新哲学思考"的书的开头就宣称哲学已死，这么做合适吗？

我正想着这事呢，朱迪思终于挂上了电话。她露出微笑，大声跟我打招呼说："列纳德！早上好！"我也回了一句"早上好。"不过那会儿已经是下午了。我很清楚，我最好是中午到下午1：00之间的某个时间过来。

她招手让我进她的办公室。办公室里塞满了书和文件，还有很多的箱子，里面是更多的书和文件。有一些书架上放着外文版的《时间简史》，其中很多版本我都看不出来是哪种语言。史蒂芬曾经说过，《时间简史》的塞尔维亚－克罗地亚语版本出版之后卖得很好。

朱迪思很理解我为什么等得不耐烦了。"能和他一起工作，你的脾气一定不错。"她继续说道，"看看我要处理的这一大堆邮件！天天如此。你一定要看看这封信。你一定会喜欢的！这封信写得太好玩了！"她递给我一封收信人为"史蒂芬教授"的信，有两页长，是手写的，字很漂亮。信一开头说道，"我根本没办法用语言表达读您的作品时所感受到的喜悦之情。或许您还记得上次我从伦敦寄来的祝福信和手工制作的松露……"过了几行写道："我对物理学可谓又爱又恨。2005年12月25日，我在伦敦的住所门口遇见了耶稣基督……他挂着拐杖。他是一个金发的年轻人，额头上印着牛桥（牛津／剑桥）的印记。他通过心灵感应向我保证，当我了解宇宙系统是多么简单时，我会感到非常惊讶的，而且我很快就能跟着他了解到宇宙是怎么运转的，或者至少了解到地球是怎么运转的……"

我问朱迪思这种信她是否都给史蒂芬看过。"没有啦,"她答复道,"如果我拿这些东西打扰他的话,他会生气的。这样的信他都不会回的。人们寄来的信里会拉拉杂杂谈一些关于他们自己的想法,或者宣称自己见到了外星人,他觉得那些写信的人都是怪人。但是我会替他回信。我挺喜欢怪人的。毕竟,写这封信的这个女人和史蒂芬的喜好一样。她想要了解宇宙。"

说得对,我想。如果我不用消化大量复杂的数学书籍,而是有拄着拐杖、会心灵感应的神把有关宇宙的问题解释给我听,那样的宇宙学也太迷人了。而且通过心灵感应告诉我这些事的人正是救世主耶稣,上帝之子;因此他告诉我的肯定是真实的,这一点就更棒了。这样我既不需要做实验去证实这个说法,也不用违背我的信仰。我发现自己挺嫉妒那个写信女人。我想,至少在这方面,这种怪人肯定活得挺幸福的。

转念一想,她有耶稣,而我有史蒂芬。史蒂芬对于宇宙系统的看法让我感到很新奇,哪怕他不是通过心灵感应让我认识到的。甚至"牛桥"的这个特征跟他也很配,史蒂芬先后在牛津和剑桥读过书,只不过这个经历没有印在他额头上而已。最大的不同是 —— 也是很遗憾的一点,史蒂芬的理论不是来源于神的启示,没办法做到不证自明。

史蒂芬的门终于打开了。他准备好见我了,我也早就准备好见他了,为此我已经等了很久。但当我走进去的时候,他并没有和我打招呼。护理员给他喂了几勺茶水和几片维生素。喂的时候,护理员把拿来的大汤匙放在他的杯子里,再加几片药,送到他嘴边。史蒂芬会配合地张开嘴,护理员把勺子送进去。他总是会口渴，但他喝水不仅仅是因为口渴，更重要的是他一定要准时吃那些补充维生素的药片。我想，他对维生素也许是太过依赖了。

· · ·

史蒂芬每天要吃大概80片维生素，平均每两个小时就要吃一次。大部分药片都是从他的"按钮"喂的，这是他腹部的一个开口，他的护理员可以通过这里把液体直接注射到他的胃里。早期，史蒂芬的父亲曾建议他服用叶酸等抗氧化剂，说可能对他有好处。其实这也没什么依据——50年过去了，直到现在仍没有证据证明这些补充剂会有用。我一开始以为史蒂芬并不怎么相信这些，但是他认为它们既然没有害处，那为什么不试试看呢？这让我想起物理学家乔治·伽莫夫（George Gamow）讲过的一个关于尼尔斯·玻尔（Niels Bohr）的故事，他是量子理论的创始人之一。他说玻尔会把马蹄铁钉在他位于丹麦蒂斯维尔德的乡间别墅的前门上。[2] 有位访客问道："像您这么伟大的科学家，难道真的相信门口挂个马蹄铁会带来好运？""不，"玻尔回答说，"我不信。但是大家说就算你不相信，这么做也是有用的！"

没过多久我就发现我错了。史蒂芬不是像玻尔那样只是试试而已，他十分相信维生素补充剂的功效。他对于维生素有一种执念，那种执念让他心理上对那些维生素产生了依赖。他的多位护理员告诉我，他简直是吃维生素上瘾。

2　西方文化中，将马蹄铁挂在屋外视为交好运的象征。——译者注

有一次，史蒂芬在得克萨斯州参加一个会议，正好赶上冰岛的艾雅法拉火山爆发。跨越北欧的航班停了六天。史蒂芬被困在那里，而随身带的维生素马上就吃完了。他那时候非常惊慌，甚至要绝望了。有传言说他曾想过请他的老熟人，西班牙的菲利普亲王（现任国王）借给他私人飞机去取维生素或者载他回英国，但是最后朱迪思没有帮他做这件事。她觉得这种事没法开口求人去办。"谁会包一架飞机去送维生素呢？"她说。

史蒂芬的身体非常脆弱。他无法自己进食，也没办法照顾自己。他抵抗力差，胸部容易出现慢性感染，身体也一年不如一年。尽管如此，他还是喜欢社交，喜欢聚会，喜欢满世界旅游。他还是一个冒险家。他曾经坐过"呕吐彗星"[3]：体验者乘坐一架特别改装过的波音727飞机，从航天飞机的跑道起飞，然后多次俯冲，让寻求刺激的人体验到零重力的感觉。他甚至希望接受理查德·布兰森（Richard Branson）的邀请，来一场太空之旅。然而，有一件事确实会让他感到害怕，那就是当他的维生素马上就快吃完了的时候。

在史蒂芬的医生看来，相信维生素有助于让他维持生命，跟他在邮件里收到的那些奇怪的宇宙理论一样，都不太可能是真的。他驳斥那些奇怪的理论，但他与这些理论的作者们都有人类的基本需求，想要了解自己的处境，并希望能够掌控它。他的父亲曾说，这些维生素对缓解他的病情有好处。如果是在物理学中，史蒂芬可以用数学运算来验证此类说法正确与否。但对于他的病情而言，这是不可能做到的，

3　即"vomit comet"，是一种失重飞行训练体验的戏称。——译者注

所以他选择接受当医师的慈父慈母的建议。

史蒂芬天生就是一个怀疑论主义者，所以他对于维生素的执念似乎不像是他的性格中该有的。但他的思想绝不闭塞。他喜欢去考虑，至少是暂时地考虑一下，任何与已知事实不矛盾的理论。当不同的理论以截然不同的方式描述这个世界时，他也不会因此感到困扰，就像面对广义相对论和量子理论一样。他愿意接受两个矛盾的理论，并根据需要选择不同的描述。史蒂芬认为，理论应具有的最主要的特质是能够做出预测，并且通过观察或实验可以支持或者反驳这些预测。"通过观察得到的对于现实的任何描绘都是有时效性的。"史蒂芬这样告诉我说。

柏拉图认为人类可以通过明确且不变的数学法则来了解数学世界，但是我们永远没办法用我们的感官获取有关物理世界的真实知识。史蒂芬好像很同意柏拉图的这一观点，并且进一步发展了它。和康德一样，他意识到我们对于宇宙的物理感知和对宇宙数学描述的概念，都是从我们的大脑中塑造出来的。在这种观点下，大脑的本质就决定了我们如何思考，以及能够产生什么样的想法。史蒂芬相信，科学家只能以一种特殊的方式看待自然，并且只能理解有限范围的理论。所以科学理论描绘的世界仅存在于我们的脑海里，推测"客观"现实的存在是毫无意义的。

《大设计》里有一个章节，里面有一个小故事，史蒂芬很是喜欢，那是我从网上找来的，故事讲的是在意大利的一个小镇，人们禁止宠物主人把金鱼养在曲面的鱼缸里。动物权利保护者觉得这样很残忍，因为曲面缸里的鱼所看到的缸外世界是扭曲的。这类故事通常会让史蒂芬笑到翻白眼，但他觉得有关金鱼的这则故事，能让我们认识到有关物理世界的很重要的一点。

牛顿告诉我们自由运动的物体是做直线运动的。然而，光从空气进入水中会发生折射。因此，在鱼看来，在鱼缸外本来沿直线运动的物体像是沿着曲线运动。现在想象一下，如果一个鱼类科学家提出了某种运动定律来描述鱼缸之外的"外面世界"中物体的运动，这样做是希望这些定律能反映鱼的经验，从而说明自由运动物体是沿着弯曲的路线运动的。毫无疑问，这个理论在我们看来会很奇怪，但鱼可以用它来对外界物体的运动做出准确的预测。

假设一条特别聪明的鱼提出了一个新理论。这个理论认为，鱼缸外自由运动的物体是做直线运动的。这条鱼认为，外部物体的运动路线只是看起来是弯曲的，因为光线从外部世界进入水内世界的时候发生了折射。第二条鱼的理论和前一个理论描绘的观察结果相同，但是术语不同。第一种理论说物体是做曲线运动的，而第二个理论说是做直线运动的，只是光线发生了弯折。

虽然两种理论的预测是一样的，一些鱼类科学家会倾向第二种理论，另一些则会支持第一种。或者它们可能同时使用这两种理论，这取决于在既定的情况中，用哪种更合适。也可能会有一些鱼类哲学家会争论到底哪种理论是符合"实在"的 —— 如果确实有这么一种符合实在的理论的话。

当人们阅读这个故事时，我们倾向于认可第二种理论，那是因为我们站在"外部视角"上。对鱼来说，我们的地位如同神，我们创造了它们的宇宙，并且拥有它们永远不可能拥有的外部世界的经验。但是，从无法穿过玻璃鱼缸的鱼的角度来看，哪一种理论是描述外部世界的最佳理论，这个问题永远没有答案。

史蒂芬认为我们和故事中的鱼一样。首先，人类思维的构成就好比是一个鱼缸，它限制了我们理解世界的方式。其次，在现代物理学中，越来越多地呈现一些理论，就如同有关鱼的那种理论一样，鱼对正在发生的事情的描画不同，有时甚至截然相反，但是它们对于所观测到的事实所做的预测是一致的。著名的波粒二象性理论就是一个例子，但是这样的例子最早可追溯到哥白尼生活的时代。

公元2世纪的时候，托勒密创造了一个天体模型，他认为地球在宇宙的中央，周边有带着月球、太阳、行星、恒星等的8个均轮围绕着它运动，各个星体分别绕着一个较小的圆周——本轮——运动，且附着在它们自己的那一个均轮上。这样，这个模型就可以解释当时我们在天空中观察到的星体运动的复杂轨迹。然而，到了16世纪，尼古拉·哥白尼（Nicolaus Copernicus）提出了我们现在熟悉的日心说，认为太阳是宇宙的中心。众所周知，现在我们常说托勒密的观点是错的，哥白尼的理论才是正确的，哥白尼让我们知道，太阳"才是"太阳系的中心，地球不是。但是实际上，我们既可以建立一个以地球为中心的模型来表现我们在夜空中看到的宇宙，也可以建立一个太阳为中心的模型来表现。从现代物理学的角度来看，这两种模型没有孰是孰非。当然从实用性或是否美丽优雅的角度来说的话，日心说模型更胜一筹。

史蒂芬认为，既然无法证明其中任一说法是正确的，就不应该继续在这个问题上花费时间。他对此类问题的反应也就是做个鬼脸，表情就像刚吃了口变质的食物一样。某种程度上，如果一个理论对世上的某事做出了预测，并且这种预测是可以验证和确认的，那么它就具有可信度。如果有另一种理论以不同的方式对世上的事情做出了描述，做出的预测也是经得起检验的，那它也应是可信的，我们可以根据我们的现实需要去选择用哪个理论。如果还有一个理论对我们尚无法触及的其他宇宙或其他维度做出了预测，那也无妨，我们也没必要纠结这些领域是否"真的存在"。这就是史蒂芬的物理哲学观。

虽然史蒂芬称哲学已死，但是他既然仍在讨论这些问题，实际上还是在摆弄哲学。他的观点和一个有着悠久历史的哲学辩题相通：科学实在论与反实在论。根据实在论的观点，科学理论就是要准确地描述客观世界。根据反实在论，理论仅仅是我们感官经验的总结。史蒂芬对实在的看法似乎是这两种观点的结合。因此，我给史蒂芬的看法起了个名字：依赖模型的实在论（model-dependant realism）。

史蒂芬认为命名很重要，甚至在物理学中也是这样。他认为"黑洞"这个名字起得很好，如果这些物体被称为"引力完全坍缩的物体"，它就不会那么吸引人了。请大家注意，"引力完全坍缩的物体"这个称呼并非史蒂芬所杜撰，在惠勒提出"黑洞"这个名词之前，人们有时就是这样称呼这种天体的。

为了证明我给他的思想想了个好名字，一天早上，我带了一本科学哲学教科书来到办公室，打算在提出我的建议之前，和史蒂芬讨论一下实在论与反实在论之间的论争。但当我给他看相关的内容时，他态度冷漠，这让我打消了心里的念头。我干脆把这本书扔在一边，直接把我想好的词说了出来：依赖模型的实在论。

他觉得这个名字不错，所以我们就采用了这个表述。我认为，"依赖模型的实在论"就是指在不同的实际情况下应用不同的理论，并且为了实际的目的接受不同的现实。而对于史蒂芬对维生素的执念，我也是这么理解的。这个模型没有被证实，但也没有被推翻，只是它代表的"实在"让史蒂芬为之着迷。

· · ·

史蒂芬完成了本轮维生素养生法之后，我终于可以提出我的问题了。

"为什么你要写哲学已死呢？"我问道。"它并没有死去啊，过去被称作'自然哲学'的哲学不存在了，但是哲学这个概念还在。"

自然哲学是科学的先驱，它是哲学的一个分支，是学者们试图通过纯粹理性而不是理性加实验来理解自然的一种方式。只是随着科学方法的改进，它变得过时了。虽然我知道史蒂芬清楚这些情况，但我仍继续陈述我的想法。

"我知道现在通过科学，可以比通过哲学让我们更好地了解宇宙，"我说，"但哲学还包括人生哲学、道德学、逻辑学，还有一些独立学科的哲学，比如数学和物理相关的哲学。哲学的这些分支是不会消亡的。"

史蒂芬审视了我一下，他对此显然有不同的看法。在等他回复的间隙，我直勾勾地望着他。突然我意识到他穿的运动夹克衫大了好几个尺码，让他整个人就像陷在衣服里一样。他的休闲裤也很肥大。我想，他的肌肉基本都萎缩了，想要为他选合适的衣服应该挺不容易。他整个人可以说是瘦骨嶙峋的。

"我有一个想法。"我对史蒂芬说。他停下来写他的回复，看着我。"我们就写，'哲学不再是理解物理世界的一种方式'怎么样？"

史蒂芬扮了个鬼脸。他回头看向他的电脑屏幕，继续写他的回复。

我很想知道他会如何回应，便起身走过去，看他打字。我觉得这样有一些不尊重他，所以我一般不这样做——而且我被警告过，他"通常"都不喜欢别人这样。但这次，他似乎不大在乎。后来，我甚至会拉过一把椅子坐在他身边，他也不排斥我这么做。实际上，自那之后，他开始欢迎我采取这样的行为，因为这样会提高效率——我可以看着他在屏幕上打出的字，了解他的意思或者猜到他想说什么。我要是猜对了就省了打字的时间，因为他不再需要把全部内容都打出来了。不过如果我猜错了，他也会着急。如果我连续两次都猜错的话，他会非常生气。

我走到他身边的时候，他刚刚打完字。他写道："你这样说没有力度。"

在他操作电脑读出这句话前，我就回答了他。

"是的，"我说道，"这个说法没那么有力，但说'哲学已死'这句话显得有点以偏概全了。"

他回头看了看他的电脑屏幕，没有键入任何新的东西，只是重新让他的电脑把他已经写好的东西又读了一遍。"你这样说没有力度。"电脑读道。

"我明白你的意思，"我告诉他，"但如果我们说哲学已死，这个说法会惹怒很多人。"

他回头看向他的电脑屏幕，又点了一下。史蒂芬可以控制他的电脑音量，这一次他让电脑再一次大声读出这句话"你这样说没有力度。"

我看着他。他把嘴弯得很不自然，如果是把他的嘴型倒过来看的话，这像是一幅夸张的笑脸。显然，他很沮丧，因为我没有领会他的意思。我不得不承认我的措辞实在没有什么力度。由此可以看出，史蒂芬喜欢的文字风格，一言以蔽之，就是"语不惊人死不休"。

对于同行或是同事，史蒂芬对其中两种类型的人没有耐心：一种是不够聪明，不能理解他的观点的人；另一种是不能接受他的观点的人。此时，我想自己是不是对文字太较真了？我是不是没有了解他想表现的戏剧性效果？唐·佩奇（Don Page）是史蒂芬早年的学生，史蒂芬教他的那个时候还能自主控制轮椅。他告诉我，有一次和史蒂芬争论的时候，他坚持自己的观点不让步，史蒂芬就操控着轮椅朝他冲过来，要是他没有及时跳开的话，就会被撞倒了。当我认识史蒂芬时，他已经控制不了轮椅了，所以他也没办法冲过来撞我。但转念一想，这个争论应该还不至于让他有要撞我的想法。

"好吧，"我说道，"听你的，但是这样说肯定会引起争议的。"

听到这个，他眉头突然就放松了。他喜欢制造争议。

　　几年以后，当《大设计》出版时，我们发现他的直觉是正确的。这句话受到了许多读者的称赞。但我也说对了——它惹恼了很多人，特别是那些哲学家们。

　　大多数人在刚刚进入物理这一领域时，都不太会去思考他们正在从事的工作有什么深刻的意义。然而，年长一些的物理学家却常常会思考这样的问题。他们长期沉浸于物理研究的经验，会促使他们逐渐发展出自己的一套对待其研究成果的哲学以及态度。史蒂芬也是这样。他的第一个物理学贡献并不是依赖模型的实在论，这只是他研究物理学的意外产物。

　　史蒂芬是从他1966年写博士论文之后真正开始自己的物理学生涯的，那时他24岁。他在论文中写道，爱因斯坦的广义相对论说明宇宙起源于大爆炸。这个观点让他在宇宙学领域中变得小有名气，但那时他还没有成为宇宙学的领军人物。他在宇宙学中地位的奠定是因为他的下一个研究项目，在这个项目中他结合了广义相对论和量子理论，而这两个理论代表了两个截然不同的概念，它们对于宇宙、时空的本质、力、运动，甚至是现在对于未来有何影响都有不同理解。正是从他接受的这两种理论的矛盾中，我们可以看到依赖模型的实在论的由来。他巧妙地在这两种理论之间来回转换，成为第一个将两者都应用于同一重要物理过程的人，从而为其他人的研究开辟了道路。他把这两种理论应用在对黑洞的研究上，最终发现了黑洞辐射，即霍金辐射（Hawking radiation）。

6

在我开始为了写书定期去剑桥之前，早在2005年和2006年期间，史蒂芬和我就利用他每年访问加州理工学院的机会，对《大设计》要写到哪些内容做了一个计划。我以前写书很少提前设计得那么详尽。在我个人单独创作的时候，万神殿图书公司的编辑爱德华·卡斯特梅耶给了我很大的自由度。如果我说我写的是关于量子计算的文章，然后交了一篇关于女子足球的论文，那么这样做可能交不了差，除此之外，其他方面他们对我的要求都非常灵活。我会先写一个大致的提纲，然后慢慢写内容。史蒂芬写他那本超级畅销的《时间简史》的时候，也没有特意写一个计划。相比之下，我们写《大设计》的计划就像在写物理学研究论文一样严谨。

史蒂芬显然想在我们开始动笔之前就把一切都敲定，但是其实，书的内容直到最后阶段都有改动。我们会在某天做出某个决定，然后过几天再回过头去看是否可行——现在我们也是这样去做。我一开始想，我俩会一直这样就书中的内容争论不休，到头来什么也写不出来。后来，又有一天，我们花了一个下午做了一通无用功，浪费了不少时间，史蒂芬突然说："咱们别再讨论了。"一开始我不清楚他是什么意思。是晚饭时间到了？但是他没有提红酒啦、炖牛肉啦什么的，看来他的意思是，现在是时候开始动笔写了。还有很多东西需要补充，另外还有些地方我俩的意见不一，但他明显觉得，我们已经讨论得够多了。就这样，我频繁到访剑桥，开始和他一同写作，互换草稿，见面探究每一个想法和表述。

和史蒂芬一起工作时，你要敢于为自己的观点辩护。但是只要是放下了手头的工作，跟他来到酒吧，就可以一起开怀大笑，忘掉刚才的争辩。史蒂芬在世的最后几年中，他的一位朋友，也是一位重要的宇宙学家，尼尔·图洛克（Neil Turok）写了一系列论文批判史蒂芬的一些最引以为豪的研究工作，但这并没有影响他们的友情。这就是理论物理学界的文化。如果有人发现了你的推论中存在瑕疵，可能会对你说："我觉得你可能顺着一个错误的想法做了这番研究，所以你的论点不成立，当然了，尽管如此，你的论述本身是十分优秀的。"当然了，就算他们这么说，你还是会感觉到他们其实在说："你真白痴。"但在内心深处，你知道他们是在帮你——如果一个观点行不通，与其让你或者其他人浪费更多的时间在这个死胡同里往前硬拱，还不如让大家早点看清它的实质。身为理论物理学家，你很清楚，你的大多数观点最终都会被证明是错误的——毕竟，如果我们的大多数观点都正确了，那么物理学的大多开放性问题早就应被解决了。所以遇到错的观点，大家没必要拐弯抹角，或是避而不谈。大家都知道，指出问题来的人也没有恶意，被指出来的人也不要觉得抹不开面子。

在我们写作时，史蒂芬写《时间简史》的经验总会带给我们一些提示。尽管《时间简史》如此出名，编辑又做了那么多的加工工作，里面所讨论的"光锥"和"虚时间"等概念仍然很难把握。有一次，我们在加州理工附近的一家连锁的平价汉堡店"欧陆汉堡"吃饭的时候，一位学生走过来，告诉史蒂芬《时间简史》是他最喜欢的书。史蒂芬说："谢谢，但是请问你读完了吗？"

他认为大多数人从来没有从头到尾看完这本书，所以他每次都是这么回应读者。他把这句话存成电脑里的常用句了，因为用到这句话的次数太多了。他希望《大设计》能够达到不同的效果。我们清楚，书中有些部分会涉及普通人看不懂的高等物理学知识，但是我们还是希望大家可以读完它。

再一次，我来到剑桥跟他进行探讨。我们刚刚在史蒂芬家里吃了晚饭。像往常一样，他的妻子伊莱恩不在家，是白发苍苍的琼给我们做的晚饭。看到琼的面容，我总是不自觉地想，她站着做饭的时候，会不会感到累得腰酸背痛，但她总是很高兴，从不抱怨。

这次她为我们做了炖羊肉，汤汁很多。这天晚上照顾史蒂芬的护理员杰拉尔德在为史蒂芬切碎肉块的时候加了一些肉汁进去。汤汁多一些，可以更方便史蒂芬吞咽。像往常一样，盘子里的菜堆得高高的。除了羊肉，还有薄荷果冻、绿色蔬菜和他很喜欢的土豆泥。还有挤上了凝脂奶油的浆果。像往常一样，我从他的酒柜里拿了一瓶葡萄酒，这一次我挑了一瓶标签设计得比较好看的。这瓶酒的风味还不错，其实是不是佳酿我也拿不准。

史蒂芬也是用杯子盛酒，但他一次只能从里面舀一勺喝。这么喝，通常总归不会喝多少。但这晚他喝得比平常多。或许是因为这晚的羊肉很美味，我也多喝了些，直到感到有些微醺。和往常一样，我们在餐厅里吃饭，餐厅一侧连接着一间客厅，客厅外面有一个露台。餐厅的另外一侧连接着一间舱式厨房，这是一种小型紧凑的厨房，烹饪工具放在两面墙下，中间留细长过道方便通行，那就是琼做饭的地方。虽然琼年纪大了，但是她还是在尽可能帮助史蒂芬。她对史蒂芬很好，史蒂芬和其他的护理员都很喜欢她。

我感觉，从某种程度来说，护理人员也是史蒂芬的家人。每逢星期天，史蒂芬的女儿露西都会来看他，他跟女儿关系最好。小儿子蒂姆好像很少来。他的大儿子罗伯特定居在美国西雅图。而他的妻子伊莱恩每次都是在他这儿待一会儿就走，就像路过的一只蜂鸟一样。但是琼、朱迪思和其他的护理人员会24小时不间断地照看史蒂芬。他们和他一起吃饭，把他安顿到床上去睡觉，带他去看医生，和他一起去世界各个地方，在任何他需要的时候帮助他。

当他的护理员有什么家庭活动的时候，譬如生日或者纪念日之类的，史蒂芬通常都会参加，当他们需要什么东西时，他有时会给他们钱去买。他曾借钱给一个护理员去买车。他也曾答应了另一个护理员的女儿，等她结婚的时候，他会给她买婚礼上用的烟花。在史蒂芬十几岁的时候，他和他的朋友们就自己制作过烟花，直到现在他还是很喜欢烟花。在他自己办的大型聚会上，他也经常会放烟花。不过现在不像以前，放的是自己研究出来的烟花，而是那种在大型体育场上才能放的大型烟花。有时候邻居会报警，警察会来阻止他。但等警察一走，他就继续放。

今晚的晚餐很丰盛，但我吃饭的时候心里总感觉有些歉意，因为琼看起来很劳累。过了一会儿她走了，杰拉尔德就到隔壁房间去看书了。走的时候，杰拉尔德顺带打开了电视，调到了新闻节目。新闻总会惹史蒂芬生气，但他还是喜欢看，这让我很不理解。此刻，他正在冲着电视做鬼脸，新闻里正在播英国议会投票表决某某事的报道。我问他我要不要把电视关了。他抬了抬眉毛，表示赞同，于是我帮他关了。

我们坐在那里，四目相对，沉默了一会儿。我突然明白了他为什么喜欢晚上有我作伴了。晚餐之后，他的世界会突然安寂下来。我不知道是不是酒精的作用，他有点瞌睡，闭上了眼睛。没过多久，他突然一下又来了精神，脑子里好像突然有了什么想法。他打字问我："你身体好些了吗？"

我点了点头。上一次来剑桥之后，我因为小肠梗阻去医院做了手术，后来有一天，我晕倒了。到医院检查之后，发现我的血压是58/30（mmHg），我是因为肠道大出血晕倒的。他们给我输了13个单位的血，差不多等于把全身血液都换了一遍。出血断断续续，一直没有止住，虽然做了一堆的检查和手术，医生们还是没办法确定出血点在哪里。躺在重症监护室期间，一天晚上我无意中听到我的医生让住院医师多留意我的情况，因为在天亮前，我有可能因血流过多而有性命之虞。上医学院的时候，老师肯定教育过他们这些医学生，以后在医院说话时要压低声音，看来那节课他肯定是旷课错过了。当然他的预判也错了。10天后，就如同一开始出血很突然一样，我的出血也突然地止住了。

那一次，躺在医院的病床上，听到自己可能不久于人世的消息，我想了很多。我思考该怎么跟我的家人做最后的告别。我想，我可能永远都不知道我的孩子们未来的配偶是怎样的人，也永远没办法看到他们的生活以后会是什么样子。他们以后需要我的时候，而我不在了，他们该怎么办？我的孩子们还没成人——他们会忘了我吗？我的生命的意义是什么？

我的脑海里浮现出各种各样的景象：大海的波浪、阳光明媚的海滩、覆盖着皑皑白雪的群山。虽然说这些话太俗套，但是我还不想和这一切告别。我望着窗外，想起了加州美丽的蔚蓝色天空和窗外的棕榈树。我过去是不是从未留意过这样的美景？我是不是本应该停下手中的活，多多欣赏这些良辰美景？现在是不是太晚了？

我感到好奇的是，史蒂芬是否也会有这些想法。在他多次生命垂危的时刻，会不会想到天空，或者他平日里喜欢凝望的星星？他是否想过要为自己的孩子多坚持一些时间？他有后悔和遗憾吗？我突然意识到他经历过许多危险，诸如造口破裂、肺部感染、钠离子失衡等等，他时常在死亡的边缘徘徊。坏消息一个接着一个，但他显然已经和自己的生活取得了和解，也和经常要面对的死亡取得了和解。此生第一次在死亡边缘徘徊，突然涌上我心头的那些想法，他早就都经历过了。

在重症监护病房的那段时期，是我此生感觉自己最脆弱的时候，我想到，自己曾经以为史蒂芬非常脆弱，现在我才知道自己大错特错了。我突然想到，史蒂芬早已证明了自己羸弱的身体下藏着的是一颗如钢铁般坚韧的心。科学是重观察、讲证据的，不管表象如何，也不管医生做过怎样的判断、事实表明，没有什么能打倒史蒂芬。话说回来，事实证明，我其实才是那个脆弱的人。躺在医院里，我曾经想过，如果我们两个人当中，到头来我是那个不等我们的书写完就离世的人，这该有多讽刺。我做过一个梦，梦的具体内容我记不大清楚了，但是在梦里，我和史蒂芬两个人赛跑。我起跑，尽情地冲刺，史蒂芬跟在我后面，轮椅的发动机马达全速推着他前进，可是他的速度还是很慢。然后我摔倒了，一动不动地躺在跑道上，这时史蒂芬从我身边超了过去，他扬了扬眉毛，脸上挂着胜利的笑容。

我躺在病床上，自以为命不久矣，此时竟然有这样的想法，做这么个梦，确实很奇怪，但是梦显得很真实。我把梦里发生的故事告诉了史蒂芬，他听了之后乐坏了。

"你喜欢打赌，"我说道，"咱们可以打个赌，看咱俩谁会先走。"

他皱了皱眉头拒绝了我。

"为什么不打呢？"我问道。

他开始打字回复。

"打这么个赌，输的人又不能出来请吃饭。"他说道。

对呀！他的话直击要害，简直是太有道理了。我呷了一口酒，问他要不要我帮他擦擦下巴上的口水。他同意了。

时间久了，当我在那里的时候，他的护理员们也会放松一些，我也习惯了做一些力所能及的小事，照顾照顾他。我注意到史蒂芬喜欢受到关注。有时，我想，他让人帮他调整坐姿或者眼镜的位置只是为了和其他人接触。他似乎喜欢被人触碰，我可以理解他对此的渴望。他一个人睡，不能和爱人拥抱或互相爱抚。就连见到朋友们的时候，也不能和他们拥抱或是握手。

史蒂芬知道了我出血住院的事，特意寄给我一张慰问卡，上面有他、朱迪思和另外几个人的签名。我很感谢他。我说："住院期间，我老是想到死亡，是不是挺奇怪？以前，对死这件事我从来没考虑过这么多。"

他的表情似乎在说欢迎加入某某俱乐部一样。

我说："我知道。你经历了很多生死攸关的时刻。"

他扬起了眉毛，表示赞同。

他打字回复我："咱们回到物理上吧。"对，物理——和史蒂芬谈话，总是离不开物理。"现在你写不了方程式，会感到沮丧吗？"我问道。

他扮了个鬼脸。我不确定这一次他的意思是否定还是肯定，也不知道这个问题有没有让他不开心，也许他只是不喜欢我打听他的想法。这个问题是我一直想问的，但之前我觉得我们关系还没那么亲近，所以一直没提起。既然我问起了，希望没有让他感到我越界了。

他打字道："我的残疾是一步步慢慢恶化的，因此我有时间去适应。"

我说："要是没有残疾，你是不是能在物理上做出更多成绩？"

他皱了皱眉毛，表示不同意。他开始打字。他打了很长时间，但这次我没过去看。"身体的残疾对我的研究也有帮助。它使我能专心做一件事。"他回答道。

令我惊讶的是，他竟能从自己的遭际中看到积极的方面。他对物理竟然如此充满激情，真是让我惊叹。在前几次他来加州帕萨迪纳的时候，他见过我儿子尼科莱几次。

我告诉史蒂芬，我儿子尼科莱是一个篮球运动员，他每天要训练好几个小时，他总是说，"篮球即生命。"我跟史蒂芬说，在他经历了这么多年的职业生涯和磨难后，仍然对篮球保持着同样的激情，这挺了不起的。"对你来说，物理即生命。"我说。

他皱了皱鼻子，再次不同意我说的话。他打字道：

"爱即生命。"

• • •

史蒂芬这句爱即生命的言论触动了我，我意识到尽管他的残疾会影响他在情感上和身体上与他人接触，但和其他人一样，他也渴望建立与他人的情感联系。不过，他的爱即生命还是挺让我惊讶的，因为他很多时候会为了物理不和他人打交道，甚至更早之前，在他还不用坐轮椅的时候，遇到他需要思考研究中的重要问题，都会连续几天不与外界接触。在他的孩子们成长的过程中，他也没有花很多时间去陪伴他们。他的前妻简当年就觉得自己受到了忽视。虽然如此，我还是确信他的家庭和朋友是最能给他带来幸福感的。我也意识到，如同做物理研究时一样，他也坦然接受了生活中的很多矛盾。

对史蒂芬来说，物理学上的矛盾意味着机遇，意味着有一些理论需要重新研究、调和，甚至是重写，以进行理解和接纳。博士毕业后，他的身体越来越差，不能再参与冒险活动了，但是他对物理学的探索却越来越大胆。在接下来的几年里，他的工作方向从研究宇宙起源转为加入一群物理"探险"家之中，探索黑洞的奥妙。

基普·索恩（Kip Thorne）也曾告诉我，即使在那些研究黑洞的先驱中，"史蒂芬也属于思想非常大胆，异于常人的那一类。"索恩的话很说明问题。黑洞就好比一个重量级相扑选手，或者鱼市里一条非常新鲜、活蹦乱跳的鱼。因为在黑洞研究的早期，当我们对那些陌生的天外之物还不了解的时候，大家的预测都很大胆。他们不得不这样。相对论暗含了一些奇怪的内容。根据相对论，整个宇宙中不存在一致的"时间流"，对于宇宙中不同的地方而言，"现在"的含义是不同的，那时候的黑洞研究者都是开拓者。根据我们的经验，事物似乎"存在"于时间相一致的现在，事件也是一个接一个地发生，但是，正如爱因斯坦所说，"对我们这些相信物理学的人来说，过去、现在和未来这三个概念的区分，只是一种幻觉，只不过这个幻觉在大众的心里根深蒂固。"

黑洞理论甚至允许我们进行时间旅行。这一理论预测，如果你飞向一个黑洞边缘，在那里待上一段时间，再回到原地时，你可能会发现你已经跨越了几百年或几千年。重复这个过程，你就能有幸目睹文明的兴衰，就好像你按下了快进键，观看你所在星球的未来。如今，人们通过科幻小说熟悉了其中描述的黑洞，甚至每个上学的孩子都知道空间是可以弯曲的，但在这之前，它是全新的一个概念，并且让人觉得匪夷所思，难以接受。即使在那群思想开放，预测大胆的思想者中，史蒂芬也极为突出。

史蒂芬对黑洞物理学的第一个贡献与黑洞视界（event horizon）有关，这是定义那些奇异天体的一个关键概念。通俗一点来说，物理学家一直认为黑洞是空间的一个区域，在它巨大引力作用下，没有什么东西能从中逃逸。这个区域可以看成是由黑洞的视界所界定的。

用罗杰·彭罗斯的话来说，黑洞视界是"试图逃离黑洞却被引力拉回的最远位置的光子（光）所构成的界面"。黑洞视界这个名字是通过类比的方法造出来的——就像在地球上的我们在太阳划过地球的地平线后就看不到它了一样，在外部观察的人也看不到划过了黑洞的"地平线"的物体。[1]

罗杰·彭罗斯以精确的数学方法定义了黑洞。他的表述很合理，之后很快就成为了标准。但当史蒂芬研究黑洞物理学时，他意识到彭罗斯黑洞视界实际上就是"智力上的死胡同"（借用基普·索恩的话来说）。

彭罗斯的方法有两个问题。第一个问题触及了相对论的灵魂，即不同观察者之间的观测结果的不一致。根据相对论的观点，不同的观察者能够观测到的空间区域的大小、形状以及持续时间的结果都不一致——这取决于他们所处环境的引力强度和他们相互之间的运动情况。如此下去会使分析结果一团糟。但有一种方法可以解决这个问题：研究人员可以只专注于那些不依赖观察者而定义的概念。这样做有很多好处。首先，它确保发现的规律和现象适用于每个人；其次，它的数学表述更简单；最后，也是最重要的，它能大大增强我们解释方程的能力。根据彭罗斯的定义，对于不同的观测者来说，黑洞的边界是不一样的。比如说，某个掉进黑洞里的人，和某个盘旋在黑洞外的人看到的彭罗斯视界可能是不一样的。所以应该以哪个为准？从不同角度观测到的黑洞视界总是不一样的。

---

1 黑洞视界的英文是 event horizon，字面意思是"事件的地平线"。——译者注

彭罗斯方法的另一个问题是，按照他的方法所定义的黑洞视界会发生不连续的跳跃。例如，当一团新物质掉入黑洞时，黑洞会变大，黑洞视界也会突然变大。在复杂的情况下，比如当两个黑洞碰撞时，视界的跳跃会很怪异，难以在研究中描述。

彭罗斯也知道自己的研究存在这些问题，但他坚持自己的定义。在1971年头几个月里，史蒂芬开始意识到，思考黑洞视界的一个更有效的方式是把它看成"时空"里的一个区域，而不是像彭罗斯那样，把它看成在某个既定时刻的空间区域。所以史蒂芬把视界重新定义为时空领域的边界，进入它范围的信号（比如光线），无法发射到外面的宇宙空间。他从数学上证明了这个定义弥补了彭罗斯方法的两个弱点，表明黑洞视界对所有观察者来说都是一样的，而且它总是平稳地变化，不会发生跳跃式的变化。

如何才能理解这两种定义之间的区别呢？我们可以想象一个黑洞，它的周围有一些总量巨大的物质碎片，这些物质发生内爆，很快就会被黑洞吞噬。[2] 再想象一下，黑洞的外面还有一艘小小的飞船，试图逃逸它的引力作用，离开这个区域。飞船的火箭发动机喷射出火焰以推动自身离开。由于它处在黑洞之外，有人会觉得它可能逃脱得掉。然而，在质量巨大的物质被黑洞吞噬的那一刻，黑洞会变得更大，如果吞噬的物质足够多，黑洞就会包围火箭，火箭根本无法逃脱。

2　由于技术上的原因，这团物质应该是球壳的形状，但相关细节对我们此处的话题不重要，所以我们按下不表。

参照彭罗斯的定义，我们会这样描述此类事件：火箭一开始是在黑洞的视界之外，过了一会儿，当巨大质量被吞噬时，彭罗斯视界向外跳跃式膨胀，把火箭包含在内。虽然火箭一开始就不可能逃出黑洞，但最初的彭罗斯视界并没有反映出这一点；根据这一观点，火箭是在巨大质量被黑洞吞噬后才被吞噬的。

按照史蒂芬定义的视界，火箭注定最终会被扩大的黑洞吞噬，这个结果并不意外，因为从一开始，史蒂芬视界就注定会包围火箭。换句话说，史蒂芬视界在巨大质量掉进去之前就增大了。这不是仅仅由事件的现在状态决定的，更是由其未来状态决定的。因此，它违反了因果定律：在这种情况下，结果（黑洞视界扩大）先于原因（质量掉入）。

史蒂芬对视界的定义要求你了解时空的全部历史，包括它的整个未来发展，不过在实际应用中，在时空中甚为遥远的物体可以被忽略。物理学家认为由未来事件定义的概念是"目的论导向的"（teleological）。这个术语是从哲学家那里借用来的，哲学家们用它表示那些依照最终目的而不是直接原因来解释现象的情况。

早在亚里士多德时代，哲学家们就开始用目的论来思考自然界。科学告诉我们，下雨是因为云中的水汽凝结成水滴，而水滴密度比空气大，因此下落。但在亚里士多德看来，还有另一个原因：下雨是为了让植物生长，给人们提供食物。他相信，未来的需求塑造了现在的存在。我们也都是这样做人生决定的，只不过因个体差异而略有不同。例如，如果午餐时有人给你一块芝士蛋糕，在决定吃不吃之前，你可能会先考虑一下晚餐要吃什么，而不是先考虑你此时此刻想不想吃。然而，在物理学中，力发挥作用和物体受力反应是在当前条件下发生的，所以虽然在日常生活中我们常常用到目的论，但在物理学中却很少使用。史蒂芬对视界的目的论定义极富创造力。若不是他性格大胆，勇于探索，也不会沿着这条路探索下去，很多人，比如彭罗斯本人，很快就放弃了这个研究。

表面上看，理论家如何界定黑洞视界，其定义之间的细微差别似乎并不重要，因为一个术语的定义只是物理学家做出的选择，而不是对大自然的叙述。但是我们发明的概念会影响我们产生的想法和我们得出的结论。随着时间流逝，史蒂芬的定义后来被证明是一个巨大的进步，并被学者广泛引用。它引导了这些人的思考，塑造了他们头脑中黑洞的演变过程。史蒂芬将他定义的视界概念起名为绝对视界（absolute horizon），彭罗斯的视界起名为表观视界（apparent horizon），以此来区分它们。史蒂芬重新定义的不仅仅是视界，还有理论家对于黑洞的认知方式。

• • •

有了新的思考黑洞的方法，史蒂芬开始努力去理解广义相对论中支配黑洞的定律。他曾一连几天把自己关起来，潜心研究。有时妻子简会过来和他聊聊当天发生的琐事，但他总是沉浸在自己的物理研究中，很少回应。越是这样，简就越想确认，自己在他心中是否重要，但史蒂芬却总忽略她。史蒂芬一边工作，一边用唱机大声循环播放瓦格纳的歌剧。当年他确诊之后，也有段时间喜欢大声播放瓦格纳的歌剧，在他小时候，他的父母就有这个爱好。如此一来，简甚至也不喜欢瓦格纳的音乐了。她认为瓦格纳是一个"邪恶之才"，让她和史蒂芬的婚姻走向衰亡。

或许，瓦格纳从他们的婚姻生活中带走了什么，但他显然也给史蒂芬的物理学研究带来了灵感。经过一年半的努力，在与两位同事合作之下，史蒂芬取得了第二个重大突破，提出了黑洞力学定律。这条定律创立于1972年8月——那时候史蒂芬30岁，这一套定律描述了当物质坠入黑洞时，黑洞是如何膨胀的，以及当两个黑洞相撞时会发生什么。

史蒂芬这套定律的出现超前于他那个时代。黑洞存在的最早证据是基于对天鹅座X-1的观察发现的。1990年前后，人们通过观测间接地证明黑洞是很可能存在的。直到2015年，人类才第一次直接观测到黑洞碰撞的标志产物，这种标志是一种特定类型的引力波，是时空的扰动。基普·索恩凭借LIGO[3]的实验和他人共同获得了诺贝尔奖。直到2019年，史蒂芬去世后的第二年，人类才第一次（算是）直接"看"到了黑洞。

当年，尽管我们无法观测到黑洞，但史蒂芬相信，黑洞可以提供独特的视角，让我们了解引力、空间和时间的本质，揭示在正常情况下隐藏着的秘密。后来的发现证明，他的直觉非常正确。

黑洞力学定律的发现是理解这些神秘物体的重要一步。但这些定律有一个奇怪的特性，这一点也很重要：它们看起

3　LIGO 是激光干涉引力波天文台（Laser Interferometer Gravitational-Wave Observatory）的缩写。2016 年宣布了此发现。

来很像另外一个领域的定律，即热力学的定律，这是有关热能的物理学分支。如果你用热力学中相应的术语替换黑洞物理学中的某些术语，你会发现，实际上，每条黑洞定律都和热力学定律一样。

黑洞的面积增加定律看起来尤其像热力学定律。它讲的是，在黑洞所经历的任一相互作用中——无论它们是相互合并、吞噬物体，还是彼此碰撞等等——合并后黑洞视界的总面积会比个体之和要大。对于普通物体来说，这一规律并不适用。例如，假设你拿两个完全相同的黏土球，将它们合并，然后做成一个新的球。高中数学知识告诉我们，新球的表面积约等于原来表面积之和的80%。但由于空间曲率的缘故，如果将两个黑洞合并，黑洞的视界——相当于黑洞的表面面积——将比原来的总和还要大。

物理学家立即注意到，面积增加定律与热力学第二定律相似度极高。面积增加定律提到在黑洞所有相互作用中，黑洞"视界面积"的总和总是增加的。热力学第二定律提到，无论发生何种物理相互作用，任何闭合系统中的熵（描述无序度的度量）总是增加的。只要把"视界区域"换成"熵"，黑洞定律就变成了热力学定律。

几乎所有的物理学家都认为这两个定律的对应只是一种奇怪的巧合，没什么特殊意义。但是普林斯顿大学的一名研究生雅各布·贝肯斯坦（Jacob Bekenstein）不这么看。贝肯斯坦推测，这两个定律之间的联系值得严肃对待，其之所以有对应关系，根源在于黑洞的熵与它的视界的表面积成正比。

熵表示的是一个系统的无序程度。例如，在冰块中，水分子排列成有序的六角形环状，而在液态水中，水分子则自由地弹来弹去。因此，冰块的熵值相对较低，融化成水后熵值会增加。通常来讲，低熵系统更加有序，或者说是更简单，其组成部分不多，没有处于紊乱状态。而相比之下，典型的高熵系统是混乱的复杂系统。

黑洞是一个非常简单的系统，因此永远不会处于混乱状态。黑洞一旦形成并处于稳定状态，真空中的它就像一个台球一样。它没有组成部分，因此其中不会有任何东西处于无序状态。因此，我们说黑洞根本不存在无序状态——它的熵值为零。贝肯斯坦的观点与这一描述相悖，遭到了很多人的嘲笑。

还有另一个原因让人们觉得贝肯斯坦的理论难以接受。根据热力学定律，任何熵大于零的东西，其温度一定大于零，这样的物体不可能是完全冷透的。任何温度高于绝对零度的物体都一定散发出辐射——也就是说它会发光。[4]

这就带来问题了，因为当物体发光时，它就会释放能量，即辐射出能量。这种能量，只能是从黑洞的物质中散发出来的。易言之，一个发光的黑洞，会慢慢地将它的质量转化为电磁能量（根据爱因斯坦著名的公式 $E=mc^2$）并把它辐射出去。在某种意义上，它会"蒸发"，其内部的一切最终会以辐射的形式散发出去。

今天，我们知道这种辐射就叫做"霍金辐射"，但讽刺的是，当时史蒂芬并不相信能存在这种辐射，也不相信贝肯斯坦的任何观点。这与史蒂芬和其他人好不容易从广义相对论方程式中推导出的黑洞原理及其描述的画面相矛盾。贝肯斯

---

4 自旋黑洞的情况要复杂一些，但这不在本书的讨论范围内。

坦意识到了，他的黑洞熵理论的前提是黑洞必须有辐射。然而，他也认同黑洞不能产生辐射的观点。他不知道如何解决这两者之间的矛盾，但他坚持认为自己的观点是成立的，即黑洞有熵值。

物理学界大都反对贝肯斯坦的观点，由此事例也说明了为什么在物理学中倡导新观念需要很大的勇气。如果你手中持有确定的、有说服力的证据，那你才有可能获胜。但是，尽管贝肯斯坦相信黑洞有熵值，但他还不够大胆，没有接受随之而来的黑洞辐射的概念。他也未能为自己的观点提出有力的辩护，于是乎，几乎没有人接受他的观点。他被大家击败了，而史蒂芬是主要攻击者之一。

事情的发展我们现在都看到了，后来，仅仅基于对广义相对论的旧黑洞理论进行的修正，在其中纳入量子理论，如此一来，黑洞具有熵值的观点也就得到了解释。而史蒂芬则承认了自己以前错了，不得不在论战中转换阵营，证明贝肯斯坦是对的。

• • •

这一晚喝了那么多酒，吃了那么多羊肉，又讲了我在医院的经历，等我离开史蒂芬家的时候，已经是晚上10点多了。不过，我还不想马上就回我在凯斯学院的房间。为了配合史蒂芬的作息时间，我喜欢很晚才回家，一回到房间倒头就睡。

适逢冬天，因为我的房间里的墙面是石头的，窗户很小，天花板很低，整个房间就显得又小又暗。我想大概只有蝙蝠才喜欢这样的房间。我这会儿还不想回家瞪着天花板发呆，所以从史蒂芬家出来后，我步行了半个多小时，来到我熟悉的一家酒吧。按规定，剑桥的酒吧11点就应该打烊了，但是不同的人对"打烊"有不同的理解。对于这家酒吧的老板，一个40多岁的中国女人来说，打烊就是关上门。她也的确是这样做的——她11点钟就把门关紧了。但是，她和她的英国酒保丈夫不会赶顾客走。相反，他们继续上酒，直到大家陆陆续续地慢慢走光。有时等大家都走了已经是夜里两点了，甚至更晚。他们这样做的合法性大可怀疑，但一直以来也就这样过来了，没出过什么岔子。

剑桥的酒吧和我以前去过的酒吧都不一样，某个坐在你旁边，一杯接一杯喝酒的半醉者往往不是一般的醉汉，却可能是一个研究天体物理学的研究生或著名的神经系统科学家。我在这儿度过的一个最美好的晚上，就是听一个喝啤酒的兄弟大谈特谈西非的农业经济。通常，我对这种话题不感兴趣，但是在花生、腰果和烈酒的陪伴下，我感觉他聊的话题还挺有趣的。

而这次，我犯了一个错误，一不留神让酒保把话题转到我和史蒂芬的工作上。因为我是那里的常客，他和他老婆知道我和史蒂芬一起工作，但我通常都能顾左右而言他，对这个话题避而不谈，这次却没得逞。他给我倒了一杯啤酒，说是免费的，交换条件是我得给他讲讲黑洞的事儿。我打心眼儿里不想落到这步境地。毕竟，我之所以去酒馆，就是为了避开"黑洞"，没成想在这里却又被黑洞"吸"了回去。

还好，酒保是那种话多的人。他会问我一个问题，然后不等我回答，他自己就开始往下讲。接下来的20分钟内，他给我讲了他所知道的黑洞知识。还别说，他说的大部分内容都对。

我禁不住想，与史蒂芬从事黑洞研究的早期相比，如今我们已经取得了相当大的进步，黑洞不再是一个特别新奇的话题。当年，很少有物理学家愿意讨论它们，可现在呢，哪怕是个酒吧老板都能就黑洞的话题说上一大通。他絮絮叨叨地说着，全然不顾他的妻子不停地朝他翻白眼。与此同时，我的思绪飘走了，回想起史蒂芬如何成为黑洞最主要的研究者，以及他如何影响了物理学文化乃至整个大众文化。对于他所造成的影响，他自己也感到欣慰，也许到他晚年的时候尤其如此。因为他想要回答的问题不仅仅是物理学家的问题，也是所有人都会提出的问题。那一刻我意识到，他之所以被人缅怀，不仅是因为他在物理学上做出的发现，更是因为他与公众分享了物理学的新知。自我手术后，我意识到史蒂芬意志坚强，坚不可摧，而此刻，我对他又多了一层理解。

7

　　1970年之后的十年，史蒂芬的身体状况很不好。那时候他称得上是一名物理学"家"了，但他的疾病也一步步加重。一开始，他先是控制不了双手。在那段时期，他画了最后一个图表，写了最后一个方程式，就再也动不了笔了。1970年，他用四脚助步器坚持走路。1972年，他用上了电动轮椅。到了1975年，只有和他相处时间长的人才能听懂他口齿不清的言语。那年他仅有33岁。

　　1970年时，多位医生都说过，他最多只有10年的生命。史蒂芬那时候并不知道自己能熬过来。他的思维和感官都很正常，但是却不能行走。他的轮椅成了他的宝座，尽管对自己很有信心，但他也很了解自己身体正每况愈下。他知道自己的生命只能坚持到病情侵袭到呼吸肌的时候。之后他会反复感染肺炎，最终因窒息失去生命。他原本以为，这一系列事情在接下来的几年中就会发生。史蒂芬梦想着要在物理学上取得某种成就，但对于他的命运不曾有梦想。

　　史蒂芬知道自己的身体状况，因此他决心去回答那些让他深有感触，激发了自己灵感的问题，在生命消逝之前，留下他曾经存在的意义。他意识到自己不能采取其他物理学家那样的研究和工作方式，因此他不得不调整方法，改变自己的风格。他没有屈服于自身的残疾，而是努力适应了这种状态。生活中，他发明了一套复杂的非语言沟通方法，熟悉他的人都知道他的这套方法。工作中，他以两种独特的方式调整了他自己的理论研究所用到的数学方法。

第一种是他认为合适的数学近似解法。伽利略有一点说得很对，即自然之书是由方程式组成的，但有一点他却没有告诉我们，这些方程式我们还都无法求解。牛顿的引力理论很好地解释了行星运行的轨迹，但我们只能在只有一颗行星的超简易太阳系模型中解出这个方程，而实际上，宇宙中根本不存在如此简单的太阳系。在备受赞扬的原子的量子理论中，所有的化学过程都来自一个方程式，但唯一一种我们能通过这个方程精确计算出其行为的元素是氢——也是所有元素中最简单的一种。如果我们想要描述太阳系中的行星的实际运动轨迹，或者计算出除了氢之外的其他化学元素，我们必须接受一个大致差不多的画面，这顶多算是一种有根据的猜测罢了，只不过是采用了数学的形式而已。这些近似值和猜测的计算结果不一定是正确的，但是目前所有的物理学家都会慢慢建立一种"感觉"，判断出哪些结果是合理的，而哪些不是。

在物理学中，我们会接受"照理说应该有效"的数学计算，但是相比之下，数学家们就比较麻烦，他们总是索要严谨的证明。因此，数学家有时会抱怨说，物理学家总是滥用他们的学科知识。实际情形也的确如此——在我们尝试揭开方程式背后的真相时，需要打破数学上的桎梏，避开数学警察的追讨，忽略数学法庭的律令。我们有时会把方程式砍去一部分来减少麻烦，然后尝试求解，并且假定，当方程式表达的内容足够接近真相时，我们就可以把零星的知识拼合起来，形成相对完整的图景。在理论物理学中，除了最简单的调查之外，对于其他的问题，我们都会加以变通，提出假设，进行粗略的估计，然后想办法去证明我们的简化模型和从中得出的结论仍然有效。而实际情形是，有时候这么做挺有效的，有时候却完全无效。关于这一点的争论是职业物理学家之间对话的一部分（有时候这种对话很激烈），所以实际的情形比坊间对科学的刻板描述要复杂得多。尽管如此，我们的飞机在天上飞，我们的激光能发光，我们的计算机可以计算，这些事实表明，我们瞎打瞎闹所做的这些最终都行得通。

对那些有漏洞的，尚未弄清的，或者其他数学运算有问题的论证，不同的理论家的容忍程度不同。有些人格外严谨，有些人则不那么严格。严谨的学者只会在他们找到了强有力的论据的时候才会发表他们的论点，不那么严谨的则没那么多顾虑。史蒂芬早期开始做研究的时候，也非常注重学风的严谨，做学问强调扎实。但是后来他改变了。因为知道自己的生命有可能很快就要终结，史蒂芬做出了让步，从1970年开始，他的研究风格开始变得更加开放且自由。研究中要注重细节，一丝不苟，会耗费很多时间，但他没有那么多时间了。史蒂芬告诉基普说："我想尽可能地多做一些工作，所以我不能太注重细节，相比之下，我会追求正确而不是严谨。"

史蒂芬做出的另一种改变是，他用图形代替方程，更多从几何的角度思考。大部分物理学问题都可以被看成几何学问题。倒不是说这些问题必须从几何的角度来思考，几何的方法只是一种选择。多用还是少用几何的方法，这个问题就如同你高中时学的几何和代数一样。在几何课上，你面对的是线、角、圆、三角形和其他形状，老师教给你一些规则，你需要根据规则进行推理。在代数课上，你会接触到很多一样的概念，但是那些概念是以方程的形式展现的，例如，有关直线、圆、正弦和余弦函数的方程等。你既可以用几何的方法，也可以用代数的方法来证明你的定理。在物理学上，这样的规律也同样适用。闵可夫斯基证明了，相对论尤其适合从图形的，也就是几何的角度进行研究。

史蒂芬发明了一种复杂的几何语言来弥补他没法写方程式的缺陷，这种语言使他能够通过脑海中的图像来研究物理学课题。他慢慢训练自己在心里画出曲线和直观的图表，而不用在白板上写方程式。原本，他和其他物理学家的想法就不大一样，但是他现在更进了一步，发展出了自己独特的语言，一种仅属于他自己的语言。

对于某些问题，霍金的语言会比传统的方程式计算更加有效，在这些情况中，他身体的残疾并没有成为他研究中的阻碍，而是迫使他开发属于自己的超能力。他可以看到他人看不见的方面，洞悉他人无法领会的问题。当然，对于某些问题，他的方法也的确不如其他人的有效。他学着区分这些问题，关注那些他思考起来更有优势的问题。对于史蒂芬所思考的问题，用基普的话说是："史蒂芬有一种无人能与之匹敌的力量。"

．．．

通往霍金辐射研究的道路中有莫斯科这一站。1973年9月，史蒂芬、简，还有基普来到这里，去见一些优秀的俄罗斯物理学家，这些物理学家被苏联政府禁止旅行，不能离开莫斯科。禁行的原因有两方面，第一是因为他们持有不同政见；第二是因为他们是犹太人。所以这些物理学家没办法前往剑桥拜访史蒂芬，但是这次是他来到了莫斯科，他们于是纷纷前往他下榻的酒店进行拜访。史蒂芬住在红场附近的俄罗斯饭店的一个两室套房中。在其中的一次拜访中，史蒂芬从苏联同行那里听说了接待他的主人雅科夫·泽尔多维奇（Yakov Zel'dovich）所提出的一个特别的猜测。请容我慢慢道来。

当一个人死后被火化，无论这个人是胖是瘦，是高是矮，是漂亮还是丑陋，是善良还是邪恶，是文盲还是受过教育，他或她的身体都会化为一堆灰烬。每个人都是不同的个体，但是火化后都是一堆碳原子，碳元素就是碳元素，没有区别。如果有两堆骨灰，一堆是一个大腹便便的国王的，另一堆是一位苗条的芭蕾舞演员的，唯一能区分的办法就是骨灰的多少。体积大于一定尺寸的恒星，其结局可与此类比。

大质量恒星死亡的时候，会发生坍缩，形成一个黑洞，它之前身份的所有痕迹都会消逝不见。构成它的元素和粒子，它内部的等离子体湍流的状态，它形成的结构层——这些会全部消失。在坍缩后，这颗恒星过去的特征只体现在3个参数的差异上，而这3个参数是黑洞可能仅存的特性：质量、角动量、电荷。

很多关于黑洞的热门知识以及黑洞物理学的研究，都集中在最简单的黑洞模型上，即零电荷和零角动量的黑洞。那些黑洞的唯一特征就是质量。但泽尔多维奇的推测所考虑的是自转的黑洞（角动量不为零）。他提出一个在当时称得上奇怪的想法——自转的黑洞应该辐射能量。

根据泽尔多维奇的推测，辐射的能量应该来自黑洞的角动量。随着时间的推移，辐射会吸走角动量的能量，黑洞旋转的速度会减慢，直到它最终停止旋转和辐射。

与贝肯斯坦的理论不同，自旋中的黑洞会辐射能量的观点并不是突破性的，因为辐射的能量是来自黑洞的自旋，而不是它的质量。旋转中的黑洞会在保持自身质量的同时仍然产生辐射，整个过程中，它不会因辐射而缩小直至消失。

泽尔多维奇发表了他的观点，但他的论证很复杂，涉及一些有争议的数学问题。他的论文没有得到关注，之后基本上被大家遗忘了。在红场旁边的酒店里，泽尔多维奇把他的理论解释给霍金听，霍金一下子就着了迷。泽尔多维奇的分析需要引力理论和量子理论两者的支撑。理想情况下，他可以使用量子引力理论支持他的分析工作，但由于没有这样的理论，他试着谨慎地使用广义相对论（用于引力方面）和基本粒子物理学（用于量子方面）的内容进行分析。史蒂芬对于泽尔多维奇所使用的研究方法心存疑虑，所以他决定用自己的几何方法来研究这个过程。

当史蒂芬按照自己的方法做完分析之后，他发现泽尔多维奇确实犯了一些错误，但并不是他预想中的错误。史蒂芬的研究确认旋转的黑洞会辐射能量，但也证明了，不旋转的黑洞也会辐射能量。根据史蒂芬的计算，所有的黑洞都会产生辐射，而这也正是贝肯斯坦黑洞熵理论所要求的。

一开始，霍金以为自己分析错了——或许，是他用来计算的一个近似值设定错了？但是他无论如何都找不出问题。当他计算出辐射能量的特征时，他发现，如果贝肯斯坦的理论是正确的，那么辐射能量的特征恰好与贝肯斯坦的预言吻合。

贝肯斯坦一直坚持黑洞的熵值不为零，这让大家都误入歧途，因为根据热力学理论，熵值意味着辐射，而当时人们认为黑洞不会有任何辐射。这种观点是基于广义相对论得出的，在分析的时候忽略了量子理论的影响。史蒂芬发现，此处我们不能忽略量子理论，因为它改变了事物的根本。他指出，如果把量子理论考虑在内，就会得到贝肯斯坦的非零熵所需要的、广义相对论未能推导出的那种辐射。量子理论使贝肯斯坦黑洞有熵值的理论变得有可能。

霍金说他那会儿对自己的发现很恼火，结果出来后等了好一阵都没有公布。正如他在《时间简史》中写到的那样，"我担心如果贝肯斯坦知道了以后，会用它作为进一步的论据来支持他的观点。"但正如科学大神理查德·费曼曾经说过的，万事万物的运转规律并不是由物理学家制定的，而是大自然展示给物理学家看的。所以最终史蒂芬接受了贝肯斯坦的观点：黑洞有熵值并且其大小与它们视界的表面积成正比；它们的温度也非零；它们慢慢地将吞噬的物质和能量转化为辐射，再释放回太空，在这个过程中逐渐缩小，直到最终消失。

史蒂芬知道，当他宣布自己的发现时，他会遇到和贝肯斯坦同样的阻力，他也必须要为自己立场的改变进行辩护。和贝肯斯坦不同的是，史蒂芬如果认定一个概念是对的，那一定是建立在有说服力的计算之上的。但由于尚不存在"量子引力理论"，大家在自行把广义相对论和量子理论结合起来的时候，都是小心翼翼地用自创的方法做数学计算。因为没有几个人了解史蒂芬是怎么运用几何来计算的，所以大家有很大的空间去质疑他是如何将两个理论结合在一起的。但是，他并不为即将到来的挑战感到担心。

史蒂芬决心要在牛津以南的卢瑟福实验室召开的一次会议上公布他的黑洞辐射理论。那些不了解他的人很难听懂他说的话，所以他的博士生伯纳德·卡尔（Bernard Carr）一同前往，来帮他进行演讲。那是1974年2月里的一天，天气很阴冷。史蒂芬其实拿不准在这样的公开场合公布这个研究结果到底是不是个好主意，他的博士导师丹尼斯·西阿马是这次会议的组织者，当史蒂芬告诉他这个发现时，西阿马很激动。马丁·里斯（Martin Rees，剑桥大学天体物理学家）和罗杰·彭罗斯的反应也很热烈。他们都相信他的研究成果站得住脚，不过呢，这些人同时也是他的朋友。

因为他讲话时发音不清晰，史蒂芬的策略是让卡尔帮他把文字投到屏幕上，他自己读出发言稿上的内容，这样大家就能跟上他的讲话了。史蒂芬并不期望每个人都能立刻理解他是怎么计算的，但是他对自己的论据很有信心，他认为自己的论证正确无误，具有说服力。他相信，在演讲过后的自由提问环节，他可以对任何挑战做出回答。

这一天在这个研究中心有很多场讲座。史蒂芬在演讲厅里先是听其他人的一个讲座，他自己的要等到11点才开始，这时候简就坐在茶餐厅等着。此时几个负责清洁的女工正在那里休息，抽着烟，喝着咖啡。史蒂芬的演讲还没开始，简就从这几个女工的嘴里听到了对于他丈夫的评论——内容不是针对他的工作，而是针对他个人的。

"你们看到今天参会的那个小伙子没，感觉活不了多久了，你们说是吧？"其中一个说道。

"看他的身体马上就撑不住了。"另一个人说道，说罢笑了笑。

简很清楚，她们谈论的是史蒂芬。她竭力不去管她们在说什么，但她们的话让她陷入了沉思。一直以来，她已经习惯了霍金的状况。不管外人觉得史蒂芬身体有多脆弱，在她心里史蒂芬一直和正常人没什么分别。当然，每当他身体恶化的时候，她都会注意到，但她很快就会接受这种变化，然后习惯新的状态。这种强大的适应能力对她来说是件好事，让她在与丈夫在一起的时候不会一直想着他随时可能死去。这也让她对未来还是充满希望和梦想。但是每当外人提醒她，史蒂芬的身体越来越弱，生命马上要走到终点，对她来说就像是当头泼下一盆冷水。

女工们离开后，史蒂芬来到茶餐厅，他不知道刚刚发生了什么。像女工们一样，他没有喝茶，而是选择了咖啡。几分钟后他就上台了，在聚光灯下播放起幻灯片，开始他的演讲。

我听过一个在伯克利举行的研讨会上发生的故事。有位演讲者站在台中央，在演说的时候不时回身去画有关一两个方程的草图。厅内的座位有15排，每排有几十个座位，座位中间是过道。演讲进行到一半时，坐在前排中间位置的一位著名教授，拿起笔在他的纸杯的一侧写下了几个大字："一派胡言。"他举着杯子放在头顶，慢慢转圈，让后排的每一个人都看到他写下的话，只有演讲者看不到。做完这个之后他就站起身，一言未发，走了出去。

物理学家是一群很难对付的人。特别是当你要用某种他们不熟悉的语言，去反对大家所接受的真理时。史蒂芬很清楚这一点。他的后半生里也跟那位听讲的教授一样做出过类似的反应。有一次，他对一位博士后同仁正在进行的演讲很不满意，就快速地转动他的轮椅，发出噪音打断演讲。当然，在后来的岁月里，虽然他身体羸弱，但是借助自己崇高的声望，无论是面对哪个学术上的硬角色，他完全可以毫无畏惧。但是，在做这次演讲的时候，他还年轻，还没有后来的声望，在科学的图腾柱上，位置还没那么高。

不管是谁，投身于物理研究之后，头些年你所感受到的，都是对大佬的畏惧，但没有人会惧怕你。要是换作别的年轻物理学家，可能会谨慎行事，避免直接通过现场演讲发布有争议的成果。他可能会选择直接把自己的研究论文投到《自然》期刊，让论文自己说明一切。

但是史蒂芬选择了自己发声，虽然他说话声音不大并且口齿不清楚，但那是因为他的病情造成的，而不是因为害怕观众的反对。他走进现场的时候可能是颤颤巍巍的，但他绝对不会逃避。

他缓慢平稳地讲着幻灯片的内容。一场幻梦终结了。结束演讲时，台下并没有掌声响起，也没人兴奋地小声讨论。台下根本就没有任何声音。大家难道是没跟上他的话，没听懂？或者大家对他的演讲没有兴趣？要不就是大家不相信演讲的内容，或者是过于震惊？他的演讲的效果，到底是像麻醉镖，还是像眩晕枪？到底是哪一个呢？结果证明，答案是后者。那些清洁女工对他的评价反倒是那天他获得的最和善的批评了。

全场沉寂了一会，研讨会主席约翰·G.泰勒站了起来。"这个理论相当荒谬，我从未听过如此荒唐的理论，我只好宣布这一节讲座到此为止！"他说道。

就凭这一通话，泰勒让史蒂芬的讲座戛然而止。他没有按惯例感谢讲座人——之后也没有按惯例安排自由提问环节。

这次演讲之后不久，史蒂芬给《自然》投去了描述他成果的论文，题目是"黑洞爆炸？"同时，泰勒也给《自然》递了一份论文，驳斥霍金的想法。泰勒的论文被期刊接收了，而史蒂芬的论文被拒了。史蒂芬发现是泰勒拒了他的论文——泰勒是《自然》指定的审稿人，负责审阅史蒂芬的论文。史蒂芬要求重审，第二位审稿人驳回了第一个审稿人的判断。最终，这篇论文在当年晚些时候发表了。

要是换作旁人，遇到这样的争斗，可能会感到气馁或者受到了侮辱。史蒂芬不。简在她的回忆录中写道，他把这种和泰勒的争斗看成是"带有善意的争论"，而且这种争斗"使其愈挫愈勇，下定决心克服身体上和物理研究上的所有困难"。

在那段时期，史蒂芬常常得不到应有的尊重。他常常被忽视，或被轻视。他在剑桥甚至没有自己的办公室，只好和另一名教师共用一个办公室。的确，他那时还不是后来因"霍金辐射"而名声大振的科学大牛，不过，那时候他其实已经完成了多项非常优秀的研究。尽管如此，在剑桥大学的一次晚宴上，一位高级研究员说起他时，口气让人感觉好像分给他一个跟别人共用的办公室工作是给了他好大一份人情似的："只要史蒂芬·霍金尚能尽职尽责，完成自己的任务，那他就可以继续待在剑桥，但是一旦他搞不了研究，他就得走人了。"

有一次，在加州的帕萨迪纳市，那时候史蒂芬还不出名，他正操控着轮椅走在人行道上，一个路人拦住他，塞给他一些零钱。那个路人对史蒂芬表示怜悯，并且觉得，眼前的这个人身有残疾，家里肯定也不富裕。而且从这个人跟史蒂芬说话的方式判断，他似乎也认为史蒂芬一定有智力缺陷。史蒂芬成名以前，看到他的陌生人倾向于那样去判断他，把他真的看成是"残废"。这是人们的直觉反应，并不是基于事实或者任何细节。人们总会觉得他身体残疾，心智上可能也不大行。但这些都没有让他觉得受到屈辱，他也从不生气，而总是一笑置之。

• • •

就在卢瑟福实验室进行了那场演讲几个月后，1974年8月，史蒂芬来到美国加州的帕萨迪纳市，在加州理工学院以谢尔曼·费尔柴尔德杰出学者的身份做一年的访学研究。这次之后，他成了这里的常客，每年都会来一次加州理工，经常一呆就是一个多月。这些访学都是由他的朋友基普·索恩安排的。

基普的年龄和霍金差不多大，他研究的是经典相对论，也就是爱因斯坦提出的未考虑量子理论影响的那个版本。此外，加州理工学院还有一派理论学家，代表是两位诺贝尔奖得主，他们专门研究量子理论，不怎么关注广义相对论。这二人是此研究领域中最有影响力的物理学家：默里·盖尔曼（Murray Gell-Mann）和理查德·费曼。

在史蒂芬来到加州理工访学10年之后，我来到这所大学工作，我的办公室就在默里的隔壁，和费曼也在同一层。我和这里的大部分人对盖尔曼都是直呼其名，叫他"默里"。令他声名鹊起的研究，是他发现了一种对基本粒子的性质进行分类和理解的数学方案。这一成就让他可以和发明了元素周期表的门捷列夫相提并论。

费曼小名叫"迪克"，不过只有很小一个圈子里的人知道这个名字并且这么叫他。他最重要的贡献是提出了一种概念化量子理论的新方法，并且提出了应用这一方法所需的相应的计算，这个方法称作"费曼图"。和史蒂芬一样，他发明了一套自己独有的描绘事物和计算的方法，但与史蒂芬不同的是，费曼的方法在量子物理学中得到了广泛应用。他这套方法发表后成为基本粒子理论的规范工具。

默里和费曼既是朋友，也是对手，他们有一个共同点，就是对那些提出了他们不喜欢的理论的演讲者很粗暴，不留情面。1974年秋天，史蒂芬在加州理工物理研讨周会上，发表了他关于黑洞辐射的第二次重要的演讲，默里和费曼也在听众之列。史蒂芬的学生伯纳德·卡尔也陪他来到了帕萨迪纳，再次负责帮助他展示幻灯片。

那时候，大家都已经听说过史蒂芬的理论了，所以这次讲座过程中，大家表现得彬彬有礼。默里在整个演讲过程中没说什么话，但他也没因为无聊而拿出报纸翻阅——他如果这么做，就表示他对演讲内容毫无兴趣。而费曼呢，如果他对演讲的内容不感兴趣，通常会起身离场，但这一次他一直静静坐着，问了问题，还表达了自己的观点。他甚至在一个信封的背后草草做了几条笔记。

在众多物理学家中，费曼是一个在世期间就让自己成为传奇的人物，不光是卡尔，甚至连史蒂芬都是费曼的忠实粉丝。19世纪80年代，费曼出版了几本书，里面写了一些物理学界的奇闻轶事，引起了流行文化圈的关注。后来他还被选入总统委员会的成员，负责调查1986年"挑战者"号航天飞机爆炸的原因，那之后他的声名更是如日中天。在调查委员会中，他跟那些与政府有关系的调查组成员保持距离，对NASA处理安全问题的方法，尤其是他们低估了危险飞行条件所导致的后果采取了严厉批评的态度。他几乎是仅凭一己之力发现了这场悲剧的肇因："挑战者"号航天飞机发射时，处于危险的低温环境下。用于密封的O形橡胶环在这样寒冷的天气下会失去弹性，导致密封性变差。他在全国播放的电视节目中证明了这一效应，在大家的注视下，他把环形密封圈放在一杯冰水里，然后拿出来敲了几下桌子，人们发现这个橡胶密封圈硬得如同一把锤子。

卡尔看到费曼在听讲座的时候做了笔记，非常兴奋，不过随后他又大失所望，因为他注意到费曼后来把信封扔进了垃圾箱。从信封落下的地点判断，史蒂芬的话题似乎并没有激起他多大的兴趣。然而，卡尔事后还是捡起了垃圾桶里的信封，把它留作纪念。上面写着十几个方程式 —— 此外还有费曼照着卡尔的样子画的一幅人物速写。卡尔一直保留着这个信封。

演讲后，费曼来到了史蒂芬的办公室，当时卡尔也在场。费曼说，他对于霍金的研究还有更多的问题想跟他探讨。他当时对这一研究似乎心存怀疑。由于霍金含糊的发音旁人很难听懂，彼时彼刻又没有幻灯片帮助解释他讲的内容，所以卡尔在边上帮忙解释。

几天后，费曼又来到了史蒂芬的办公室。他用自己的费曼图重现了史蒂芬的发现。现在他相信史蒂芬是对的了。史蒂芬那时候并不是量子理论的专家，也不熟悉费曼的方法，但之后费曼图成了霍金最喜欢用的方法，他本人也和费曼成了朋友。

史蒂芬的演讲过去几个星期后，越来越多的理论物理学家开始接受他的成果。他们通常都是像费曼那样，先用自己的方法推导验证史蒂芬的结果，一些人还发表了他们自己的派生研究。直到今天，还没有办法通过实验证实霍金辐射的存在，但事实是，无数物理学家——他们以不同的方式融合广义相对论和量子理论——都得到了相同的研究结果，因此，霍金的理论实际上已经被普遍接受。

讽刺的是，最后一个坚持反对观点的人是泽尔多维奇——大家记得吗，一开始是他的自旋黑洞观点启发史蒂芬沿着这条路进行的研究。到了1975年9月的一个晚上，他不再坚持了。泽尔多维奇给基普打了个电话，基普那时候恰好在莫斯科，正准备收拾行李离开。他坚持请基普来他的公寓一趟。基普到的时候，发现泽尔多维奇兴奋异常。他尝试了一年，发现自己的运算中有一处错误，而改正这一错误之后，就推导出了霍金辐射。他的欣喜之情溢于言表。这就是探索新知所能带来的快乐，哪怕是证明自己曾经错了。

· · ·

　　史蒂芬十几年来每年都去加州理工学院访问，我们利用这段时间来推进我们的写作计划。1988年费曼逝世了，那年默里也近80岁了，他在19世纪90年代退休后去了新墨西哥州的圣塔菲研究所。基普的科研越做越强，他现在指导着一个研究数值相对论（numerical relativity）的研究团队，在这一研究领域，理论学家利用计算机的强大算力，而不再通过调整数学公式来"解"广义相对论方程。这种方法的缺点是，你得到的答案只是图表和表格，而不是在传统方法中得到的有意义的数学表达式。但它的好处是，能得到一个数字表格总比没有好，而要是用传统的人为调整的方式解方程，即便是尝试了也未必会得到结果，因为一旦解不出来，就是竹篮打水一场空。基普的研究小组关注的是相互碰撞的黑洞或者是与中子星碰撞的黑洞。他们的目标是精确描述这种碰撞释放出的引力波，供LIGO引力波天文台的科学家们使用相关数据进行观测。1984年建设LIGO的时候，他也曾参与其中。

　　有一次史蒂芬来加州理工访学，在结束第一天的工作后，我邀请他到我家吃晚饭，我还一同邀请了那天晚上值班的护理员和陪他来帕萨迪纳的琼。那次我没有邀请史蒂芬所有的护理员，以及其他和他一同来加州理工的人，虽然我和他们也都很熟。对于这一点我挺过意不去的。但是，陪同他的人太多了，我家里招待不过来，所以我只好缩减了人数。

　　照顾霍金，尤其是照顾他出行，是一件特别复杂的工作，就连值夜班的人也不轻松。值夜班的护理员，在他准备睡觉的时候就要开始忙活。他想去睡觉的时候，会说："我们现在过去吧。"意思是："让我到另一个房间准备睡觉吧。"之所以造了这种简略的说法，是因为，如果有客人在场，这比说"我现在想睡觉了"更委婉一些。一旦他说出这句话，他的护理员就会打断客人的谈话，告诉客人史蒂芬·霍金的睡觉时间到了，仿佛这个想法是护理员提出来的一样。有时候霍金只是用这个借口让客人离开，当客人离开后，他会继续他的工作——他喜欢在睡觉前先处理一小时的电子邮件。有时候，赶上是出门在外，他会要求来点睡前小吃。他最喜欢吃的是水煮荷包蛋和土豆泥。

当史蒂芬真的要上床睡觉了，夜间护理员和晚班护理员得在一起忙活一个小时左右。第一项工作就是，每天晚上要帮他洗澡。他很喜欢洗澡，而且喜欢让人把水温调得很高。护理员要帮他脱下衣服，如果是在家，他们会把吊绳绑在他身上，然后通过天花板上的滑道和吊起装置，把他移动到浴盆里。在移动的时候，他们得一路抬着他。他泡在浴盆里的时候，护理员们会加热几条毛巾，把它们铺在轮椅上。当他们要把霍金从浴盆里移动出来时，需要用更多的毛巾先包裹住他，之后把他搬回椅子上。然后他们要打开他的"雾化器"，更换造口管的通气管，给他穿上长睡衣，把他放在床上。在他生命最后的几年里，他每晚都要使用呼吸机，所以护理员们还要在睡前给他戴上呼吸机。

史蒂芬躺在床上的时候，是他最脆弱的时候，因为他那时候更难表达自己的意愿。如果他想表达的内容无法用面部表情传递，他的护理员就通过指拼写卡片的方式了解他的意思。史蒂芬的护理员必须密切关注着他。如果他夜里醒来，他们要努力弄清楚他是不是需要什么帮助。每天晚上他会用他的眼神提出十几次要求，让护理员帮他翻身或者调整枕头位置。他无法像普通人一样时不时地调整身体的重心，所以会觉得不舒服。如果不调整，他的骨头会疼。此外，他的护理员必须靠仔细倾听来判断，保证他的气孔是通畅的，这样他才可以正常呼吸。在他睡觉的时候，每隔几小时护理员们就会把他需要吃的维生素和水一起，通过腹部的开口直接灌到他的胃里。"照顾史蒂芬就像照顾新生儿一样，我们所有人都是这样做的。"他的护理员薇薇安说道，"当我值完我的班，他的身体都安好，我就觉得我的工作做好了，因为他还活着，因为是我帮他继续活着。"

这天晚上，史蒂芬和他的随行人员乘坐一辆租来的专门供残疾人使用的面包车到达时，大多数客人都已经到了。不过，我家的房子没有专门为残障人士修的通道什么的。我家门口有五六级台阶，我知道，加上几个客人的帮助，我们可以连轮椅带史蒂芬一起从门口抬上来。但是这么做也并不容易。他的轮椅很沉，上面安装有电动机、电池，还有一个电脑架在上面。此外还得加上史蒂芬的重量。史蒂芬不高，而且一直很瘦，那天晚上，他的体重应该是在90磅（36 kg）左右。所以说，我们本可以动手把他抬上台阶，但我也了解，他只要是一见到那些只有楼梯而没有坡道的建筑，就会生气，所以我提前锯了一块木板，铺在楼梯上，做了一个临时的坡道。

如果是参加私人聚会，史蒂芬会觉得把他搬上楼梯也没什么，但在公共场合，如果建筑物里没有为残障人士设计相应的通道，他就会感到不悦。他知道，与其他大多数残疾人相比，他所处的情况已经好很多了。所以，如果连他都会遇到困难，那么其他残疾人的处境会比他更糟，也正因为这一点，他会因为公共空间里没有残疾人专用的设施而生气。

有一次，薇薇安带史蒂芬去莎士比亚的故乡艾冯河畔的斯特拉福德看望史蒂芬的母亲。他们去了全国托管协会[1]旁边的一家餐馆，那是一座历史悠久的老建筑。史蒂芬想小便，所以他告诉薇薇安"我需要瓶子"。这是他们之间对于这种需要的代号——瓶子就是他上厕所要用的塑料小便盆。但首先他们需要去洗手间，而餐厅没有设置残疾人卫生间。薇薇安四下找寻，不知道他们该去哪里，这时史蒂芬要求把他推到厨房后面去。薇薇安很不解。她跟史蒂芬说这样不好，但是他重复了一遍自己的要求。她只好照做。照做比讨论要快得多。

当他们到了那个位置，史蒂芬说："我需要瓶子。"

薇薇安想把他推走，找到一个没人的地方。但当她开始推椅子时，史蒂芬扭动嘴巴和鼻子，摆出一副很生气的表情。薇薇安只好停下。

"我就在这里上。"史蒂芬把电脑音量调得很大说道。

"你不能在这里小便啊！"薇薇安说道。她的回复声音肯定也不小，因为主厨听到声音出来了。

"有什么事吗？"他问道。

"残疾人卫生间。"史蒂芬的声调仍然很大。

"抱歉，我们这儿没有残疾人卫生间。"主厨答道。他脸

1　负责管理并保护英格兰、威尔士及北爱尔兰的历史遗迹和自然景观的机构。——译者注

上的表情像是在说：这两个人是怎么想的，难道以为能在这里找到残疾人卫生间？他一边摇着头，一边回到厨房里去了。

"我需要瓶子。"史蒂芬瞪着薇薇安说道。

薇薇安把他推到厨房后门外的树篱边上，尽可能远离厨房。史蒂芬在那里解了小便。薇薇安把他从绿植中推出来。

"现在把瓶子倒空吧。"史蒂芬说道。

"我不能在这里倒啊，厨房就在这跟前！"薇薇安说道。

"把瓶子倒空。"史蒂芬说道。

薇薇安只好把瓶子里的尿倒在树篱下面的泥土里。在这时，主厨又出来了。当他意识到他们在做什么时，他勃然大怒。在他连珠炮似地表达自己愤怒的时候，史蒂芬说道："残疾人卫生间。"他的声音仍然很大。话音刚落，他随即做了个愤怒的鬼脸。史蒂芬这是非常生气了。

主厨吃了一惊，薇薇安并没有打算待在那里让他们继续争执，连忙推着史蒂芬走了。

这件事让薇薇安非常尴尬。照顾史蒂芬时，她常常遇到这种尴尬的场景。大约一年以后，史蒂芬想再去一次那家餐馆，薇薇安带他去了。他们发现这次餐馆里增加了残疾人卫生间。

看到我专门为他在门前搭建了木板坡道，史蒂芬似乎很感动。他不知道，我其实听过上面的故事，知道如果在公共场合没有残障人士的设施他有可能会生气。他在我的家庭聚会上待了挺久，好像也很开心。我的朋友们，除了一个得过诺贝尔奖并且认识他的人之外，剩下的人在他这个大人物面前，都因敬畏而有些拘谨。那段时期，你要是在加州理工学院工作，就会发现，"三人行，必有一诺贝尔奖得主"。而我

133

呢，不得不自我安慰一下：既然存在无数的平行宇宙，所以我估摸着我也得到过诺贝尔奖，只不过得了诺贝尔奖的我是在另外一个平行宇宙中。

人们常常奇怪，为什么史蒂芬没有因为发现霍金辐射而获得诺贝尔奖。我派对上的一个朋友就有这样的想法。他要是在聚会前问我就好了，我会跟他解释清楚。要不就等聚会结束了问我也好，让我来解释。没成想，他却在聚会上就问了，而且问的不是我，而是径直去问史蒂芬。

这让我感到有些不自在，但史蒂芬似乎不以为意。当时天已经比较晚了，史蒂芬也有些累了，他用了好一会才打出字来。在他打字期间，我们继续讨论着自己的话题，话题转到了班卓琴，结果发现，我请来的客人中，那位诺贝尔奖获得者特别喜欢班卓琴。我的其他客人都相当惊讶。他们知道他是"弦"理论的专家，但这个"弦"指的不应该是"琴弦"。最后，史蒂芬的回答出来了，脸上的表情很认真，是那种实事求是的表情。"需要观察到它。"他说。大家伙回想了一下刚才的那个问题，明白了他是什么意思。不过我还是补充了一下，给朋友们解释了一下他说这话的意思：因为霍金辐射还没有被观测到，如此一来，也就得不到诺贝尔奖了。

人们一直都觉得诺贝尔奖的评审颁发有很多不妥当的地方。很多次，诺贝尔奖被颁给了错误的人选，却忽略了应得之人。也有很多次，它被颁给了配不上这个奖的成果，或者是过高估计了某个成果带来的进步。但诺贝尔奖委员会似乎一直以来都坚持着一个原则，那就是，一个人单纯做出理论上的进步并不会赢得该奖，除非其理论得到观察或实验的证实。（即便如此，好像故意跟我们这些理论学家过不去似的，诺贝尔奖委员会通常会把奖项颁给某个做了相应实验的人，但却故意忽视做出突破性贡献的理论学家。）

史蒂芬面临的情形尤其悲催，要观测到霍金辐射可以说是困难重重。比如，在观测黑洞辐射之前，你先得锁定一个黑洞的位置。我前面提到过，第一个得到学界广泛认可，认为是黑洞天体系统的是一个叫做天鹅座X-1的系统。从20世纪70年代早期到90年代早期，数百名科学家同心协力，历经大约20年的实验工作，才得到这一成果。那段时间里，史蒂芬曾和基普打赌，说日后会发现，这个天体系统并不是一个黑洞。他表示，自己之所以打这个赌，实际上是因为他真的希望自己会输，当结果跟他打的赌相反时，他至少得到了一个黑洞，这样也算是赢了。自那之后，科学家找到并确定了很多黑洞。实际上，现在我们认为每一个大型星系的中心可能都有一个黑洞。

但是还有另一个问题 —— 黑洞的"霍金温度"通常低于百万分之一开氏度。这个温度非常接近绝对零度，目前的技术完全无法探测到。并且，一般情况下，黑洞失去可观测到的质量所需的时间是 10^{67} 年，这个时间长得让人无法想象（现在宇宙的年龄大约为 10^{10} 年）。所以我们根本没办法观测到黑洞质量的减少。

在史蒂芬去世一年多后，2019年，以色列理工学院（Technion）的一组物理学家在实验中终于发现了支持霍金辐射的一个间接证据。这些科学家从黑洞的"声波模拟"实验开始，想象有一种流体，其流速比声速还要快。[2] 由于流体

---

2 声音穿过不同的物质时速度不同。我在这里提到的声速是在特定液体中的声速。

流动的速度极快，如果其中夹杂着声源，那么我们知道声波不会逃逸到跟流体流向相反的方向——它们的速度不可能比流体的速度更快。这与黑洞不允许任何信号（比如光的光子）脱离其引力的性质类似。科学家们的问题是，在这个模型中，他们会观察到类似于霍金辐射的现象吗？

以色列科研人员实验中使用的液体由100 000个超冷铷原子组成，它们的作用就好比是黑洞。声音的量子化粒子被称为"声子"，起到的作用好比光的粒子，即光子。科学家们发现，一些声子确实可以从那个声音黑洞中逃脱，逃逸能量的特征与史蒂芬的预测相符。这就是用声子所做的模拟霍金辐射的实验。这个实验或许已经足够支持霍金获得诺贝尔奖，但是诺贝尔奖的颁发还有一条规矩，那就是不颁给已故的人。

霍金辐射很重要，因为它是将广义相对论和量子理论应用于同一系统的第一个重要实例。量子引力理论目前尚不完善，但通过黑洞这个"数学实验室"，将广义相对论和量子理论结合起来，物理学家们已经能够了解一些关于这个难以捉摸的理论的一些性质和原理。

8

聚会过后，第二天早晨，我心情很烦躁。

前一天我们没有取得任何实质性的进展。我们并排坐着，我盯着史蒂芬，他则低头盯着电脑屏幕，打出一长串（对他来说够长的了）对《大设计》这本书的评论，以及他想要写的内容。他开始质疑写这本书的根本动机。要知道，我们可是花了好几个月时间才制订了写作计划，而且对这个具体的计划我们早就达成了一致的意见，更重要的是，我们已经完成了8个章节中的5个。我不时地加几句自己的意见，他再回答我。我们交换了很多想法，有些想法很好。但是为什么他心存疑虑呢？这是不是一种拖延战术，用来规避不得不做的写作工作？我认为不是。史蒂芬的心理看起来跟以往一样健康，但出于某种原因，我们的书遇到了"中年危机"。

那天上午，我们约好在雅典娜神殿俱乐部——加州理工学院教师俱乐部——吃午饭，然后去史蒂芬的办公室。史蒂芬迟到了大约半小时。这次他迟到其实错在我身上，因为头一天在我家聚会的时候，我把他留到很晚。但他确实也经常比说好的时间晚到一些。我理解这个情况。每天早上他都要做很多准备工作。一大堆事情可能会拖很长的时间才能完成。每次要迟到，他若能给我打个电话就好了 —— 只是提醒我一下，但这样的电话我从来没接到过。他就像晚了点的火车，对此，你或者接受现状，或者放弃乘车，但是你无法改变它晚点的现实。人们称他遵循的时间为"霍金时间"。

加州理工学院的人都很喜欢雅典娜神殿俱乐部。这个建筑有着红瓦屋顶，许多的拱门，结合了西班牙和意大利别墅的元素，像是地中海建筑式样的复兴之作。里面的餐厅有6米高的镀金天花板，通高的窗户，华丽的枝形吊灯，装修采用了大量的深色木材，还挂着我最喜欢的多位已故科学大师的油画画像。大家认为这里是一个庄严且雅致的地方。但是就像空间-时间一样，究竟什么样的称得上是庄严，取决于观察者。剑桥大学的建立可以追溯到国王亨利三世1231年颁发的敕令。在那里，即使是最新的建筑，也比加州理工学院的任何一座建筑都要古老几百年。所以从史蒂芬的视角看，这里的人对雅典娜神殿俱乐部表现出景仰之情应该是很好笑的一件事。不过嘛，剑桥没有温暖的阳光明媚的冬天，也没有无处不在的轮椅通道。

虽然雅典娜神殿俱乐部的气氛比不上凯斯学院的气氛，但这里的食物却绝对比那里的好，而史蒂芬就像那些大头兵一样，见了好吃的就不要命。今天这里供应牛排，这让史蒂芬很高兴。我们已经吃到最后了，也就是说，除了史蒂芬，其他人都吃完了。

我有点紧张，因为我整个上午都在思考前一天是怎么过的。这是他来加州理工之后我们的第一个工作日，而我回忆了一下，我们之间的互动情况让我感到不安。不仅是在重新审视我们已经做出的决定之后让我不安，而且还有一点，在来帕萨迪纳市之前的好几个月里，他承诺要做的工作似乎也没有完成。当我刚来加州理工学院工作时，费曼已身患癌症，临死前他告诉我，审视一段感情或你的人生是有用处的，但如果你很快乐，最好避免这样做。但我并不快乐，所以尽管我不擅长谈感情问题，但我觉得需要和史蒂芬谈一次。

我不想在午餐时间或是有其他人的陪伴下讨论这样的问题，所以我一直在拖延。当然，和史蒂芬在一起，你也总是和其他的人在一起，或者说几乎总是。这次吃午饭的时候有两位护理员在场，分别是戴维和玛丽。玛丽是当班的护理员。回到办公室之后，戴维就不在场了，我想我可以趁玛丽去上厕所的时候谈。我在等待时机，等着午饭结束。但是史蒂芬吃得比平时还要慢。

"来，再吃一口。"玛丽说。

史蒂芬撅起嘴，不要。

"哦，吃吧！真是好好吃哇。来，张张嘴，再来一小口。你可以的！你吃得太少了。"她一只手拉着他的手，说话时语调柔和缓慢，同时带着过分热情的抑扬顿挫的声调，就像大人对婴儿说话那样。照顾史蒂芬的时候必须像照顾婴儿一样细心，但是你并不需要用对婴儿说话的方式对他说话。不过，仍然有一些护理人员会这么做。

护理人员各有各的风格。似乎所有的人都很爱他，只是爱的方式各不相同。有些是严肃的主妇型，有些人则喜欢走性感路线。后一种类型的会穿紧身低胸上衣，当她们俯身给他穿衣时，史蒂芬就能看一眼她们的胸部。玛丽不是性感类

139

型的，而是主妇型的，她也有一种与之相配的风度。她像照看婴儿一样照看他，而且她不是唯一一个采用这种方法的人。此刻这种办法似乎奏效了，因为史蒂芬张开了嘴。她喂了他一勺，然后用餐巾擦了擦他的下巴。史蒂芬既不去阻止那些调情的人，也不去阻止那些把他当婴儿的人。护理人员也知道，在陌生人面前不能这样对待他，但当他独自一人或是与朋友在一起时，这两种护理人员的风格他似乎都喜欢。

史蒂芬会引人关心爱护，这一点很容易理解。但他也很善于吸引人们爱他。我几乎从一开始就感受到了这一点。其中一部分原因是因为他那双蓝色的眼睛，充满了个性。这双眼睛能带给人极大的温暖。它们可以跟你说话。它们能让你感到跟他是心心相连的。对他的朋友们来说，这双眼睛饱含深情。对素不相识的人来说，他的眼睛似乎在邀请你跟他交往。对那些生他的气的人来说，他的眼睛可以让本来心中有气的人缴械投降。当他的身体感到疼痛，他的眼睛会挤作一团，让你能察觉到。如果你惹他生气了，看到他的眼神定会让你心生悔意。

等待史蒂芬吃完饭的空当，我和戴维聊了起来。我们聊着聊着，就扳起了手腕。我俩一连好几分钟相持不下，谁也赢不了谁，累得直喘粗气。史蒂芬津津有味地看着我俩，此刻玛丽招呼人过来收拾盘子。

"你们这里有什么甜点？"她问餐厅服务员，对方应该是个打工的大学生，"必须是不含谷蛋白的。"

史蒂芬总是吃无谷蛋白食物，不过我也见过护理人员趁便给他吃普通的含谷蛋白的食物，不过他们做得不明显。而这种食物似乎从来也没有给他带来任何不良影响。另外，史蒂芬至少告诉过他的一个朋友，他并不是真的对麸质过敏。那么，他为什么允许或要求他的护理人员如此这般限制他的饮食呢？这对我来说是个谜，但我从来没有问过其中的缘由。不过这一次有没有不含谷蛋白的食物并不重要，因为史蒂芬做了个鬼脸，表示他不想要甜点。然后他又继续看我们扳手腕。

我心里想，史蒂芬会不会觉得我们的行为幼稚，或是惹人厌烦呢。至少为扳手腕这事儿较真不像是成年人所为。但他似乎并不介意。有时他喜欢看别人做他做不到的事。我注意到，在酒吧里，如果有年轻人跳舞，他就很喜欢看。但我猜他最终还是看够了扳手腕，因为这时他说："咱们走吧。"

我立即收手起身。我们很快就到了他的办公室，此时我心里想着，玛丽只要一走开去补妆，我就提出内心一直纠结的问题。我和史蒂芬讨论过很多问题，但这次讨论的无关乎物理知识。我拿不准，在谈及私人的问题时，史蒂芬会怎么应对。毕竟，他是一类特殊的大明星，大多数人即使对他有什么不满，可能也不会表露出来。而想到他与人沟通起来速度缓慢，你更会觉得跟他谈私人的话题会很艰难。在谈论关于宇宙的量子起源的问题时，等上7分钟才能得到他的回答也不是不能忍受，而谈论私人话题时，这样的等待可能会让人感到特别不自在。有谁会想用慢镜头的方式进行一场不自在的谈话？

我曾经听人说过，良好的人际关系并不是没有冲突，而是在产生冲突之后，双方本着对对方的爱或至少是尊重来处理这样的冲突。如果早上你的配偶给你冲的咖啡太淡，你应该说："嘿，亲爱的，下次你能不能多加一点咖啡粉，把浓度调高一点?"这样的措辞,估计对方会如此回应:"当然了,亲爱的!"不过,在我的实际生活中,跟老婆交流的时候说话经常欠考虑:"哎,咖啡太淡了"。而这时她就会没好气地回应说:"下次你自己来冲吧!"史蒂芬和我的关系会像上面的哪种呢?我想,我如何表达,以及他会如何回答,可能是对我俩未来合作关系的一种考验。这可能会加深我们之间的联系,当然也可能搞砸,让我们未来的合作变得尴尬。

玛丽正在给史蒂芬擦嘴,我已经从座位上跳了起来,这时默里·盖尔曼不知从哪儿冒了出来,走到我们跟前来。显然他刚从新墨西哥州回来。自从他在20世纪90年代离开加州理工学院后,在这里只能偶尔见到他。我心里想,每次见到他,他的白发都多了一些,走路行动的姿势也更迟缓了。虽然他还不到80岁,但思维似乎不那么敏捷了,当然,即便如此,我也不敢向他挑战,跟他比试物理学知识。跟默里比起来,史蒂芬就好像不会变老一样。跟他成为朋友之后,这些年我没有看到他的状况有明显的下降,尤其是在智力方面。只是他的交流速度变慢了,另外他的阅读能力也因为控制眼睛的能力下降而变慢了。

我跟默里打了个招呼,他回应了一下就转向史蒂芬,脸上露出灿烂的笑容。他的心思在史蒂芬身上。"你好,史蒂芬!"他热情地说,"见到你真高兴!"史蒂芬什么也没说,只是用眼睛盯着默里,脸上挂着一个大大的笑容,并保持了好一会儿。

"我不会多占你的时间,"默里说,"只是看见你在这儿,就来打个招呼。你看起来很不错!"听到这话,史蒂芬又露出了较短暂的微笑,但他的眼神表明他很感激。

说完上面的话，默里就走开了。默里曾给了史蒂芬很多帮助。1985年8月，史蒂芬做气管切开术后不久，当时情况已经变得很明显，如果没有全天候的护理，他很难活下去，而英国国民医疗服务体系不会支付护理的费用，他本人则负担不起。基普建议史蒂芬向麦克阿瑟基金会申请支持。默里当时还在加州理工学院工作，是该基金会的董事会成员。于是该基金会开始提供一系列慷慨的资助，使史蒂芬能够在写出他的畅销书之前有钱雇佣护理人员。

通常，该基金会并不发放那种资助。麦克阿瑟基金会提供的最著名的资助是"天才奖"，这是一种一次性的奖项，旨在授予各种艺术和科学领域需要帮助、尚未被认可、前途无量的年轻人。但是实际做起来，天才奖通常都授予了那些已经很出名、也已经很富裕的人。时年43岁的史蒂芬与以前获得天才奖的人同样都属于天才，但是，与获奖的大多数人不同的是，他那时还不出名——他才刚刚开始撰写《时间简史》，另外他确实需要那笔钱。

在物理学领域，研究者不会因为他的发现而发财。如果你发表了高水平的研究成果，作为交换，你会得到一个终身教职，另外就是获得解决问题的满足感。一般而言，你会获得一份数额尚可的薪水以及一份有保障的工作，让你做自己喜欢的事情。1985年，史蒂芬的年薪大约是2.5万英镑。但是，万一你得了肌萎缩侧索硬化症，这份收入就远远不够了。幸运的是，当时史蒂芬的研究成果，即霍金辐射，已经让他在物理学界声名鹊起，只不过普通人暂时还不太了解他。其实，早在此之前，他的名字在物理学圈子里就已经挺响亮的了，而在提出霍金辐射之后，可以说他已经是声名赫赫，所以麦克阿瑟基金会非常乐意帮他这个忙，甚至直接把钱打给剑桥大学来管理。

史蒂芬和简对此非常感激，另外他们也为那些同样患有肌萎缩侧索硬化症却没有发现霍金辐射的人感到难过。那些人只能依靠自己国家提供的医疗服务勉强活下去，一般而言，他们只能得到养老院里的一张床，在那里他们将与外界隔离，基本上无人照料，生活孤独而平淡。假如是在那样的环境下，史蒂芬在未来几年所经历的任何一次险情都可能是致命的。史蒂芬曾经说过，如果没有全天候的照顾，"我恐怕只能活5天就一命呜呼了。"

· · ·

在患病的早年，照顾史蒂芬的都是医院的护士，不过在我认识他之后，照顾他的不再是职业护士。1985年麦克阿瑟基金资助的护理职位的申请者之一是伊莱恩·梅森，一个高个子女人，留着一头长长的红色卷发。她当时是阿登布鲁克医院的一名护士，但她更喜欢照顾一个长期病人。她有很长的护理工作历史，包括1971年孟加拉国独立战争后有4年照顾伤员的经历。她得到了这份工作。

我刚才提到护理人员照顾史蒂芬会用不同的方法，那些方法伊莱恩全都用过。她是一名训练有素的护士，在以后的岁月里，她不止一次地挽救了史蒂芬的生命。她有时也会像对待婴儿一样对他，不过是闹着玩的。另外，她当然也会偶尔展示一下姿色，挑逗一下史蒂芬。伊莱恩很快就成了史蒂芬最喜欢的护理员。史蒂芬当时40出头，伊莱恩则30多岁，天天踩着滑板来上班。据说，史蒂芬在哈佛大学接受荣誉博士学位的时候，她在现场觉得无聊，就地打了几个侧手翻。如果说史蒂芬间接地喜欢运动，那么伊莱恩则是完全彻底地享受体育运动。他们之所以建立了感情，一个原因可能是，她的运动才能恰恰是史蒂芬所喜欢的，他本人若不是身患疾病，也会展现出同样优秀的运动才能。

伊莱恩并没有因为史蒂芬的身体状况而躲避他。恰恰相反，她被他吸引住了。她的第一任丈夫戴维·梅森说，伊莱恩真正想要的只是那种需要她照顾的人。与简不同的是，史蒂芬出国旅行的话，大多数时候伊莱恩都会陪伴他。她喜欢有机会陪他旅行，让他研究物理，写书，或者只是跟他聊天，她从不会被帮助他做这些事所需付出的巨大努力所吓倒。她爱他所具有的毅力。她会耐心地说，耐心地听，感激他花时间和精力与她沟通，她开始信任他。

而另一方面，8年前，史蒂芬的妻子简遇到了另一个人，她觉得自己可以信赖他，可以向他倾诉心中的苦闷。那人的名字叫乔纳森·赫勒尔·琼斯，是她所在地教堂的唱诗班指挥。那时史蒂芬的身体还有能力过性生活，但是简对这种事失去了兴趣。他的病情意味着他从头到尾只能做一个完全被动的性伴侣，同时他的身体也很脆弱。时间久了，他身体脆弱得让简担心夫妻生活可能会让他有性命之忧，因此和他做爱变成了一种可怕而空虚的经历。甚至和他做爱的念头也让她觉得不自然，于是她对他的欲望也就消退了。她说，他的需求像一个婴儿，但"他的身体像一具大屠杀受害者的尸体"。他们对彼此的激情消失了，简和史蒂芬的婚姻关系退化为照顾者和被照顾者，她要给他喂饭、洗澡、刷牙、梳头、穿衣。史蒂芬全身心投入到工作中，简则打理他所有的实际需求，但她觉得自己的工作未得到充分理解，外人把她的付出视作理所当然。后来，她和乔纳森·琼斯产生了恋情。

简和史蒂芬坦承她有了外遇，并得到了他的祝福。她的想法是，她和她的情人将谨慎地维持他们的关系，不对外公开。而他们这个家也能容纳她的情人。这将是一种"新安排"，一个"大家庭"。令简没有想到的是，史蒂芬会把这个家庭再次扩大，把伊莱恩也包括进来。

如果说史蒂芬和简经历的先是情人，后是婴儿和照顾者的关系，那么他和伊莱恩的经历则把这个过程恰恰反了过来。这导致产生了一个新的"新安排"。如此一来，这个大家庭成员之间的关系，复杂程度堪比夜空中最复杂的星座，包括了史蒂芬、伊莱恩、简和乔纳森，此外还有霍金的3个孩子，以及他们之间各种相互关系。还有一个额外的复杂因素：伊莱恩还有个丈夫，名叫戴维·梅森。

史蒂芬竟然效仿她的做法，也有了情人，这让简感到不快。简从史蒂芬的作品中了解到物理世界存在对称性，但她对生活中的这种对称性却不怎么喜欢。尽管如此，在一段时间里，他们这样一个大家庭维持了一段幸福的生活。持续的时间到底是短暂还是漫长，大家应该都能猜得到。1990年，史蒂芬搬出去和伊莱恩一起生活，10年后，他和伊莱恩新建了一座房子，史蒂芬在那里生活直到他去世。在伊莱恩和戴维离婚后不久，史蒂芬和简也离婚了，并于1995年跟伊莱恩结婚。那时他48岁。

和史蒂芬结婚后，伊莱恩摆脱了作为他的正式护士的角色。她想帮助他，使他能做他想做的所有事情，另外她也想照顾他，但是是作为一个妻子而不是护理员。她不想当那个给他切肉、用勺子喂他吃的人，但她确实喜欢为他做饭。她会做咖喱、烤肉、卷饼，洗成堆的水果，给他所有他喜欢吃的食物。如果他想吃什么特别的晚餐，而碰巧家里没有配料，她就会立即跑到超市去买。她也喜欢和他出去。有时他们要去什么特别的地方，她会很上心地去买一件新衣服，当他晚上回家时，她会跑过去迎接他，迫不及待地说："我要穿上给你看看，史蒂芬！"然后就跑上楼，换好衣服，给他做一场时装秀。她喜欢握着他的手，而他也喜欢这种温情，并给她以回报。

虽然伊莱恩不能睡在史蒂芬的床上，但有时她也会在半夜下来看看他，或者坐在他身边，抚摸他。她觉得史蒂芬是她生命中的礼物。"我帮助史蒂芬，但他也帮助我，"她告诉我，"我来自一个非正常的家庭。我的父母没怎么照顾过我们几个孩子。"另外，她说她并不爱自己的前夫戴维。"我喜欢他，但我们并不相爱。我之所以嫁给他，是因为那时我25岁了，而他是第一个向我求婚的男人，我稀里糊涂就答应了。被爱的感觉是很特别的。我爱史蒂芬，他也爱我。他接受我，爱我，喜欢真实的我。"

• • •

在20世纪60年代，史蒂芬还只是一个懒散的大学生，而在70年代结束时，他已成为量子引力和宇宙学领域的领军人物。他从未接受自己是另一个爱因斯坦的说法，尽管他二人在物理学和生活方面所采取的方法有一些相似之处。他们都是天才，都是标新立异者，都是有远见卓识的人，都有独特的天赋，能从混乱中洞察本质，判断出哪些问题至关重要。但他们生活在不同的时代，物理学在他们各自的时代提出了不同的问题，他们面对的是不同的个人挑战。因此，很难对他俩的才能做出比较。不过，不难看出两人在不同程度上影响了物理学。

爱因斯坦在几个方面做出了广泛的革命性的贡献。除了他的狭义相对论和广义相对论理论，他还被认为是第一个证明了原子存在的人。另外，他首先认识到马克斯·普朗克的量子假说是自然界的一个普遍真理，并将其应用到发现这一理论的狭窄领域之外。他不仅是物理学某一个领域的领军人物，而且重塑了整个学科的基础。从这点上看，史蒂芬没有如此高的成就。

史蒂芬对黑洞和宇宙起源所做的研究，其影响在很大程度上仅限于宇宙学、广义相对论，以及寻找量子引力理论等方面。至少从参与人数上看，这只是物理界的一小部分。当然，假设史蒂芬生活在另一个时代，外加身体健康，或者，哪怕只是假设他身体健康，他最终会取得怎样的成就都是难以估量的。然而，如果我们跟史蒂芬说，假设他身体健康，那样的话究竟能有多大的成就，史蒂芬似乎认为自己能取得的成绩会更少，因为那样的话他可能就不那么专注，不会觉得自己来日无多，从而只争朝夕，全心投入物理学的研究。

虽然大多数物理学家认为史蒂芬在黑洞辐射方面的研究是他最伟大的发现，但史蒂芬并不这么认为。在他看来，他最重要的贡献是一项影响力要小得多的研究，那就是他在20世纪80年代对宇宙量子起源的研究——他把这个理论称为

"宇宙无边界假设"。该理论非常深奥，以至于有一次史蒂芬给数百名物理学家做了演讲后，一位同事说："也许只有20个人真正听懂了他的演讲。这东西太艰深了。"

起初，我对史蒂芬选择这一成果作为自己最重要的贡献感到惊讶。但当我回想起他当初投身物理学的原因时，就能理解他为何有这样的判断了。对史蒂芬来说，宇宙学研究的圣杯是了解宇宙的起源，即想办法弄清楚我们都是从哪里来的。他认为，他提出的宇宙无边界假设就能解释这一问题。

$\bullet$ $\bullet$ $\bullet$

宇宙无边界假设是史蒂芬先前所做研究自然而然产生的结果，是他20年研究工作的顶峰。他的头两个研究项目——宇宙起源和黑洞定律——完全基于广义相对论，没有将量子理论的原理考虑进来。在研究了量子理论的文献之后，史蒂芬把他所学到的应用到黑洞中，修正了他之前的想法，并发现了霍金辐射。现在在量子理论的武装下，他接下来研究的主攻方向回到了宇宙的起源上。这一研究的巅峰之作，是他和在加州理工学院以北几小时车程的加州大学圣巴巴拉分校（UC Santa Barbara）的朋友吉姆·哈特尔（Jim Hartle）一起做出的。

宇宙无边界假设基于一个看似奇怪的想法。正如我前面所描述的，量子理论通常被认为是一种微观理论。它通常被用来描绘一个由一个原子或分子，或一个亚原子粒子构成的系统，或是此类物体的紧密集合组成的系统。因此，如果将之应用于整个宇宙，人们会认为，这一理论只有对早期宇宙

（当时整个宇宙只有原子大小）才适用。但是史蒂芬有一个更大的野心，他要把宇宙看作一个自足的量子系统，这一系统贯穿宇宙的整个历史，从早期的微观结构到现在的巨大存在莫不如此。他研究所用到的主要工具是量子理论研究的革命性方法，正是这种方法使费曼在1965年获得了诺贝尔奖。

最初，量子理论通过某种数学结构——波函数——来描述一个系统的状态。波函数包含了我们所能知道的关于特定系统的一切。这些信息使我们能够计算各种可能性——例如，通过测量发现粒子具有特定位置、动量或能量的概率。量子理论决定了我们顶多只能做到这些——我们无法像在牛顿理论中那样，获得精确的测量结果。

如果这就是它的全部，波函数就像一个描述在某一给定时间系统状态的参考手册。但是系统会随时间变化，波函数也会随时间变化：给定某一时刻的波函数，量子理论的数学会告诉你如何确定其他时刻的波函数。这是量子理论的一个重要方面，因为物理学中通常的问题是，假定一个系统从某个"初始状态"开始发展，那么它在以后某个时刻进化到各种可能的"最终状态"的概率有多大？

我刚才描述的这个方案在解释原子和构成原子的化学元素的性质方面取得了巨大的成功。其他量子理论——包括多种量子场论——随后陆续发展起来，它们可以用来描述基本粒子的相互作用。例如，电子、正电子和光子可以用一种叫作量子电动力学的场论来描述。但是，要用量子电动力学这样的理论进行计算是极其困难的。就在那时，即20世纪40年代末，费曼突然提出了量子理论的新方法。它看起来跟原来的方案一点也不像。

在费曼研究的量子方法中，波函数不具有基本性。相反，为了找到一个系统特定最终状态的概率，你要从它的初始状态开始，考虑它发展成最终状态的所有可能途径或历史。然后，用费曼提出的某些规则，把每条历史路径的贡献加起来。这种方法一般被称为"费曼路径积分"。

让我试着来解释一下这个想法的原理：设想一个量子粒子从加州理工学院的实验室出发，经过一段时间之后，它撞击到位于月球的实验室里的探测器上。假设你想计算它从初始状态变成最终状态的可能性，在费曼的公式中，通过计算包括两个实验室之间所有可能路径的贡献能做到这一点。在这些路径中，有的路径可能是这样的：该粒子绕木星或绕地球飞了100万圈然后才到达月球的探测器。它甚至会包括违反物理定律的路径，比如在宇宙中到处飞行，速度超过光速或在时间中反向移动。在所有的路径中，大多数都十分的荒谬。但是费曼的规则表明，直接的"直线路径"贡献最大，而"荒谬的"路径贡献很小。然而，总归有无数的路径，每一条都贡献了一些东西，或大或小。[1]

毫无疑问，对于费曼思想之优雅，史蒂芬甚为钦佩。但我认为，他之所以对费曼感到亲切，是因为作为一个颠覆现有观念的特立独行者，他和费曼一样，必须努力奋斗，才能说服别人接受自己的思想。例如，当费曼在1948年的一次学

1　日常的（宏观的）物体是由大量分子组成的。在这样的物体中，来自大部分路径的贡献相互抵消，形成了一个整体，所以当从整体上看的时候，它遵循牛顿定律。用物理学家的话来说，就是与内部自由度耦合进行了退相干。参见 Todd A. Brun 和 Leonard Mlodinow, Decoherence by coupling to internal vibrational modes, *Physical Review* A 94（2016）.

术会议上发布他的新方法时，他也遇到了史蒂芬宣布霍金辐射时所遭遇的那样的阻力。当时，像尼尔斯·玻尔、爱德华·泰勒和保罗·狄拉克这些著名物理学家，纷纷指出费曼的方法毫无意义。

费曼的理论确实很激进，乍一看可能还很离谱——因为他描述的粒子路径在整个宇宙中拐来拐去，行为令人迷惑。在推导过程中，费曼和史蒂芬一样，走了捷径，偏离了数学的严谨性。例如，对路径求积分的方式似乎违反了某些基本的数学原理，但费曼把这个问题抛在一边，不予理会。和史蒂芬一样，费曼更喜欢用图像而不是方程来思考，对大多数物理学家来说，这是一种陌生的方法，运用这种方法更增加了外人对他方法的怀疑。物理学家弗里曼·戴森说："这似乎是一种魔法。"

但戴森和其他人最终证明，费曼的方法可以被赋予坚实的数学基础，而且，尽管该理论描述的图景与其他的理论大为不同，但它总是会对实验结果做出与早期量子理论公式相同的预测。费曼提出的并不是量子物理学的新定律，相反，他提出了一种看待量子物理学的新方法，一种思考量子宇宙的新方法，这种新方法带来了一些令人惊奇的新见解。

在某些领域，如基本粒子物理学，费曼的概念图和他的计算理论预测结果的方法都被证明远优于旧的理论。结果，今天费曼的方法已经成为理论物理学的标准工具。史蒂芬获得天才奖，在加州理工学院用这个奖项提供的经费进行研究的那一年学会了这种方法，而且是从它的创造者那里学习到的。正是在这个基础上，10年后，史蒂芬将其用于他的宇宙无边界假设中。唯一的区别是（这也是一个巨大的区别），史蒂芬所要追踪的量子历史，不是某个电子或光子的，而是整个宇宙的——在他的研究中，整个宇宙将扮演单个粒子的角色。

• • •

将量子理论应用于整个宇宙引出了许多问题。例如，当理论家们用费曼路径积分来分析基本粒子的运动时，他们所需要的开始信息，以及他们想要追溯到后来的信息，都与可观测的属性有关，比如位置。但是宇宙没有"位置"——宇宙本身就是它的全部。

史蒂芬的理论不考虑位置等粒子理论家感兴趣的任何变量，而是考虑与时空几何相关的变量——在每一点上都进行定义的曲率。这是什么意思？想想我们所处的空间。它有3个维度——例如，在地球上的任何一点上，你可以向北/向南、向东/向西、向上/向下，或以上述的任何组合方向移动。数学提供了一种描述三维空间的方法——事实上，数学也提供了一种描述任意维数空间的方法。数学也为物理学家所说的"空间是弯曲的"而不是"平坦的"这种情形提供了定义。

由于很难想象三维空间的曲率，让我们暂时拿走上/下维度，想象一个只有南北和东西方向的世界。这是一个二维空间。如果你想象将这两个方向定义在一个平面上，那就是一个平坦的二维空间。大家上高中的时候，所学的平面几何讨论的就是这种空间类型。它遵循一系列的规则，如三角形的内角和为180度。

但是现在，如果我们把南北方向和东西方向想象成一个球体的表面，这时，这个二维空间就变得弯曲了——数学家会说这个表面有正曲率。而马鞍的表面则相反，它代表的空间以一种完全不同的方式弯曲，我们说它具有负曲率。

具有正曲率或负曲率的空间也遵循特定的几何定律，但这些定律与大家在高中所学的不同。例如，在曲率为正的空间中，三角形内角之和总是大于180度，而在曲率为负的空间中，三角形内角之和总是小于180度。通过这样的差异，物理学家就能确定我们实际所处的三维空间的曲率。

一般来说，一个空间，在某些点可以是正弯曲的，在另一些点是负弯曲的，就像将球体和马鞍的一小部分平面切下来，然后平滑地拼接在一起一样。曲率的大小，无论是正的还是负的，都可以改变。空间可以在某些地方轻微弯曲，在其他地方严重弯曲，就像地球表面的山峰和山谷一样。这就是"在每一点上都进行定义的曲率"的意思。史蒂芬在宇宙无边界假设中关注的正是这种"景观"及其随时间的演变。他的理论并不是要详细解释构成宇宙的所有能量和物质（包括恒星、粒子、行星和人类），而是要解释物理空间本身的形状。

在计算宇宙随时间演变的形状时，就像计算粒子的演化一样，人们通常从初始状态开始计算。没有人知道宇宙的初始状态，所以史蒂芬和吉姆·哈特尔不得不做出推测。他们的猜测是，当你回到足够遥远的过去，物质和能量紧密压缩在一个极小的空间里，这从根本上改变了事物的属性——它使时间严重扭曲，以至于无法辨认，从本质上讲，此时的时间成了空间的另一个维度。

史蒂芬在他的博士论文中指出，以广义相对论为基础的"经典"大爆炸理论必须有一个奇点——在这个奇点上，曲率等各种量会变成无穷大。现在，当他和吉姆·哈特尔以上述方式构建宇宙的量子历史模型时，他们发现史蒂芬那时所预言的时间之初的奇点已不复存在。量子理论的定律曾启发史蒂芬修正了他最初的黑洞理论，并引导他提出了霍金辐射；现在这些定律要求他修改他提出的关于宇宙起源的假设。

史蒂芬喜欢用比喻的方法来解释这个新理论。假设你在一条直线轨道上，从某点开始，到某点结束。再假设向起点移动表示在时间上向后移动（回到过去）。在这个图景中，无论你身在何处，如果你开始回到过去，你最终会到达时间开始的地方——你会冲出轨道。这里的起点代表了史蒂芬在他的博士论文中描述的奇点。但是史蒂芬说，如果把量子理论考虑进去，平坦的轨道看起来更像是地球表面的轨道，比如向南代表时间倒流，向北代表时间向前。现在假设你开始沿时间倒流——沿直线向正南移动。在这种情况下，你永远不会经历时间开始的点。时间没有"边界"——没有开始，因此也就没有奇点。

这就是史蒂芬从他的思想中推导出来的图景。这个理论回答了他刚开始接触物理学时所问的问题：宇宙是如何开始的？他的回答令人惊讶——我已经解释这层含义，时间没有起点，因为时间变成了空间。

对史蒂芬来说，无边界理论具有重大意义，不仅因为它回答了一个问题，而且因为它还提出了另一个问题。正如他在《时间简史》中所写的："只要宇宙有一个开端，我们就可以假设它有一个创造者。但是，如果宇宙真的是自包含的，没有边界或边缘，它将既没有开始也没有结束：它只是在那里。那么，造物主在哪里呢？"这是我们在《大设计》一书中重新探讨的问题。

加州理工学院分配给史蒂芬使用的办公室非常简陋。屋子是白墙，里面有一张金属书桌，窗子很小。这是为短期访学的学者预留的简易办公室。我的办公室在另一栋楼里，更舒适、更令人愉快，但史蒂芬来这里的时候，我们在他那里待的时间要比在我那里的时间多。一起工作的时候，我会和他坐在一起，通常我会在他到达之前就到那里，在他离开后再待一段时间。

自从我上一次见到史蒂芬以来，他和我的联系很少。他回复邮件不积极，这让我感到困扰，但我知道，对他来说，写电子邮件是一个缓慢的过程，除非绝对必要，他能不写就不写。我以为他这段时间一直在写我们约定好他负责写的部分，并且会审读我发给他的那些章节。我们计划在他这次访问期间把所有这些都看一遍，然后继续往前推进。

可是头一天的时候，我们一见面他就马上就开始谈论一些"整体问题"，我非常惊讶，他谈到了我们准备在书中阐述哪些内容，但是我觉得我们已经解决了那些问题。日子一天天过去，我心里越来越忐忑不安。我逐渐意识到，自从我上次去剑桥之后，他几乎没有考虑过这本书。我们的书是有截稿日期的，但我知道我们已经远远落后于那个日期了。但是，如果史蒂芬只有当我站在他面前的时候才会写这本书，我想我们中总有一个人，不等全书写完就会给拖死了。

就在我们到达史蒂芬的办公室几分钟后，护理员玛丽离开了房间。等她一走到听不见我们说话的地方，我就开始了那场令人不舒服的谈话。我试着让自己的声调听起来是随意说出的。"午餐很不错吧？雅典娜神殿俱乐部这里一直都不错。对了，我上次离开剑桥以后写的东西，我想你已经看过了吧。"

史蒂芬扬起眉毛，意思是"是的"，然后他露出了微笑。那么说，他是写了的。我松了一口气。我庆幸自己在这件事上没有表现得更强硬。我真傻，竟然认为他会无视自己的承诺。大约过了一分钟，他打字后转换的声音传过来："是的，午餐很不错。"

我努力掩饰自己，不让脸上露出内心的想法。"那咱的书你写了吗？"我问道。

他又开始打字。"我一直很忙。"他说。

"我寄给你的草稿你读了吗？"

他扮了个鬼脸，没有。

"那你自己的部分你写了吗？"

他又做了个鬼脸，另一个"没有"。

我一时不知道说什么好。我在《大设计》的写作上投入了大量精力，尽管我同时有一门课要教，还要做自己的物理研究工作，此外还有另一本书要写——《潜意识》。当然，我知道他有更多的事要做，而且对他来说，做任何事都有巨大的困难。我以为，考虑到这些，我内心应该同情他的感受，但我发现自己心里的反应是一种愤怒的情绪。幸运的是，我不假思索脱口而出的回答介于不介意和不高兴两者之间。

"你这么不积极，我感到失望。"我说。说完这句话我就后悔了。我是谁，怎么能这样跟史蒂芬·霍金说话？

他做了个鬼脸。我试图揣摩他的表情的含义。他在想什么？看他的表情，他并没有生气。他的表情看起来就像是你踢了心爱的狗狗一脚之后狗狗脸上的表情。他是听了我说的话而感到伤心了吗？他后悔吗？

"如果你不打算写这本书，那我也不想写了，"我说，"咱们必须共同努力。"他扬起眉毛，表示同意。这似乎是一个友好的"是的"。我感觉好了一些。

我把椅子挪近他一点，握住他的手。这只手温暖而柔软。他似乎对此很满意。我感觉他喜欢我拿起他的手。也许他微微笑了笑，不过也许那是我一厢情愿的想法。我们对视了一会儿。

"要不要我去剑桥，好让咱们的工作回到正轨上？"说这话的时候我的语气很柔和。

他立刻做了个鬼脸，表示"不"。他确定是不喜欢这个主意。我不知道他要表达的，到底是他无法抽出那么多时间，还是说他一想到要我花那么多时间在他身边就感到心烦。不管怎样，我感觉都像是被拒绝了。

我松开了他的手。他的脸颊开始抽动。他在打字。

他说："我承认我自己一直不积极。对于写作，我一直提不起兴趣。"

听到他这么说我很难过。

"如果你对它感到厌烦，也许我们不应该继续往下写了。"我说。

他马上又用表情回复我说："不"。

"昨天的工作结束后，我很兴奋，"他说，"我觉得我现在知道这本书往下该怎么写了。今后我会更加积极主动。"

这时，玛丽回来了，但她径直坐在椅子上，没理会我们。

接下来，史蒂芬花了一个小时解释他对我们制订的章节大纲做了哪些重新思考。虽然前五章在新版本中没有太大变化，但他还是详细地描述了这一部分。然后他描述了他对第六和第七章所做的巨大改变，我们目前正在写这几部分。当他解释完后，他说："这是前七章。咱们先专注把它们写好吧。"我们最初计划写8个章节，由于我们要修改第六和第七章，我估计最后一章也必须修改。根据他所说的，我觉得等我们写到那里，可以即兴发挥写最后的章节。

在接下来的几年里，我对史蒂芬还会有很多不满。有时工作会有中断，有时我们开始工作的时间比他说的会晚上一两个小时，他总是坚持说我们要仔细检查每一个句子，对已经写过的章节进一步重写，这些都会让我们半路停下来，耽搁时间。在剑桥的时候，我学会了跟他的护理员一起抽支烟休息一下，我既需要精神支柱，也需要能量注入，让我觉得有必要抽上几口，而在那以前，以及在那之后，我都没抽过烟。我们这本书的最后期限后来还会被延长两三次。好在我们的进展虽然缓慢，却很稳定，随着时间的推移，我们完成的页数不断增加，我们之间的关系也在不断加深，我再也不用和他进行那种令我感到尴尬的谈话了。

9

接下来我要讲的事情发生在1985年。彼得·古扎尔迪
（Peter Guzzardi）坐在租来的廉价汽车里，车子停在一家廉价
旅馆的停车场里，等待着住在那里的作家。他习惯于住经济
型旅馆。像纽约的大多数编辑一样，他的出差补助不高，因
为出版业并不是一个高利润的行业。古扎尔迪这次出差来到
了芝加哥，那里又热又闷。春天是芝加哥最好的季节，但这
里的春天偏偏很短暂。当时才五月份，但整个城市给人的感
觉已经像是个蒸笼了。

不过天气的闷热没让古扎尔迪感到心烦。他40岁了，很
高兴能进入出版界。他已经是位高级编辑，但是事业还未到
巅峰。他所在的出版公司名为班坦图书公司（Bantam，又名
"矮脚鸡出版公司"），该公司原本是一个廉价的平装本小说
出版商，但近几年，公司迅速转变成了一家受人尊敬的出版
业巨头。

古扎尔迪所等待的作者将是这一转变的主要贡献者，但
古扎尔迪当时对未来将要发生的转变尚一无所知——他还
没有见过这个人，也没有看过他正在写的书。当古扎尔迪听

说他要从剑桥飞到芝加哥，在附近的费米实验室做一个演讲时，他决定飞过来做个自我介绍，并和他一起审阅出版合同的最新草案。他们原则上同意了合同的一些条款，但还没有正式签署。

对这位作者的情况，古扎尔迪只是从《纽约时报》对他所做的报道中了解到了一些。这篇文章描述了他对物理学的热情，并说他热衷于将物理学知识传播给大众，另外也说他喜欢置身于聚光灯下的感觉。所有这些都让古扎尔迪觉得："应该让这个伙计给我们写一本书。"于是乎他就来了。这与班坦图书公司力图将自己转变为一家受人尊敬的出版商的雄心壮志正好契合。

他们准备签的这本书后来命名为《时间简史》，其实，与其说这本书是关于时间的历史，倒不如说是关于宇宙的历史。在这本书中，作者试图跟读者说一说自己想要创建的量子引力理论，该理论力图将所有的基础物理理论统一成一个单一的理论。这些话题很艰深，在1985年的时候，到底有没有人愿意去读这么一本书，没有人拿得准。当时，这位作者的名字还不够吸引人——除了《纽约时报》的报道外，物理学世界之外很少有人听说过史蒂芬·霍金的名字。

此外，当年科普书籍的市场也远未繁荣。当然了，此前的几十年里，每隔几年都有一本科普书脱颖而出，取得成功。1977年，一本关于宇宙大爆炸以及其后紧接着发生了什么的书，名为《最初三分钟》(*The First Three Minutes*)，就取得了突破。1980年，卡尔·萨根(Carl Sagan)的《宇宙》(*Cosmos*)也颇为成功，但那时作者本人已经是电视名人了。1985年初，费曼出版了他的第一本谈论科学轶事的书《别逗了，费曼先生》(*Surely You're Joking, Mr. Feynman*)，出人意料地大获成功。基于上述事实，我们只能猜古扎尔迪也许能押对了宝。但是我们也要知道，上述几本书都很易读，文笔非常好。而至于目前他所考虑的这本书，没人知道最终写出来会是什么样子。让人担心的是，该书的选题报告并不让人看好，书的有些部分理论性过强，而另一些部分则过于简单。

在班坦图书公司内部，人们对这个项目的看法存在着分歧。大家唯一一致的意见是，公司答应要付给作者的钱太多了。他们是通过一场竞标赢得该书版权的，最终交易价格是25万美元。史蒂芬最初考虑把版权卖给剑桥大学出版社，而该出版社愿意出的价钱是这个数目的十分之一。班坦图书公司的一些人认为，《时间简史》有着巨大的潜力，但是另一些人则不以为然。不管怎么说，即使这本书赔钱了，这个项目也会给公司带来巨大的声望，所以他们最终给出了如此高的报价。

古扎尔迪等待期间，史蒂芬正在从费米实验室讲座回来的路上。当时，他所作报告的题目是有关宇宙无边界假设的，这很快成了他最喜欢讲的题目。报告厅的主席台显然没有轮椅通道，因为据《芝加哥论坛报》报道，史蒂芬一入场，观众席上数百名物理学家"突然安静下来，因为他们意识到，由两个人抬进礼堂的那个软乎乎的、像洋娃娃一样的物体正是霍金"。这很有戏剧效果，但对许多听众来说，史蒂芬谈论的话题和他的外表一样令人吃惊：面前的这个人，是以证明宇宙起源于奇点而出名的，但是他现在却宣称，由于量子效应，奇点其实并不存在。

史蒂芬之所以成为史蒂芬，关键就在这里——毕竟，他还曾宣称黑洞不可能发出辐射，然后又证明了它们确实能够发出辐射。迈克尔·特纳（Michael Turner）是一位著名的天体物理学家，同时在费米实验室和芝加哥大学工作。他说："大多数科学家，当他们做出了某个重大发现，比如说像奇点这样的成果，就会牢牢抓住它不放，抵制任何改变。然而霍金却很愿意证明自己的研究有错误。这一点上他与众不同。"

古扎尔迪希望史蒂芬能在《时间简史》中重点讲一讲他本人的智力探索的故事，即他是如何试图理解宇宙的开端的，以及其间他个人所经历的起起落落。他从一开始就认为，能让这本书吸引人的将是有关个人的跌宕起伏的故事，而不是科学史或理论方面的内容。当然，他必须让史蒂芬把内容写得流畅易懂，才能让这本书取得商业上的成功。

得知史蒂芬很快就会到，古扎尔迪于是就在车里等着。过了一会儿，另一辆租来的便宜车停在了附近。古扎尔迪看到有个年轻的司机下了车，从车里搬出一个轮椅，然后走到乘客座，打开前门，探进身子去，抱起里面的乘客。古扎尔迪后来回忆说，司机的胳膊里抱着的那个人"看起来像个稻草人"。他一直看着司机把"稻草人"抱到轮椅上，放下，帮着那人坐好。然后，他抬起那人的右手，慢慢地、精确地把手放在控制椅子的把手上。这名司机是一名20来岁的研究生，他来这里是为了帮助照顾史蒂芬，并翻译他的含混不清的演讲。史蒂芬现在被安顿好了，可以出发了。

轮椅飞速转了两整圈，然后飞速驶向旅馆门口。此时，那名研究生注意到古扎尔迪正朝这边看着。"您是彼得·古扎尔迪吗？"他问道。古扎尔迪点点头。"那位就是史蒂芬·霍金。"他说。古扎尔迪和那名研究生于是一起去追史蒂芬。他们得小跑着才能跟上，这在外人看来会觉得很奇怪，因为这家旅馆很一般，不会有人迫不及待急匆匆地冲进去。

古扎尔迪跟着那名研究生以及史蒂芬，来到他住的小房间。当时，史蒂芬在物理学家的圈子里已经很有名，媒体也有过一些关于他的报道，但他还算不上是名人，更不是富人，所以他住的宾馆仍然是那种招牌上会写着"空调开放"的经济型旅馆。如果仅仅从外表上看，这种旅馆似乎连空调都不会装。尽管宾馆的建筑和陈设都很朴素，但古扎尔迪心里还是有些怯怯的。他预想着，史蒂芬可能是他所见过的最聪明的人，这种人往往有点专横跋扈，令人心生畏惧。

走进旅馆的房间时，史蒂芬朝他的研究生嘀咕了几句。古扎尔迪觉得史蒂芬的声音听起来就像"感冒伤风的黑武士"。史蒂芬说的话他一个字儿也不懂，而那个研究生也没有帮着翻译。古扎尔迪有点手足无措，急着想开个好头。他决定打破沉默，主动开口说话。

"嗨！很高兴您能光临此处！"他开口道，"见到您真高兴！希望您的讲座非常成功！也希望您旅途愉快！"

虽然只是几句寒暄，但古扎尔迪却面带微笑，语气里充满了热情。史蒂芬回答了几句，但仍然让人听不懂。这一次，那名研究生重复了一遍史蒂芬的话，好让古扎尔迪听懂。

"你把合同带来了吗？"这是史蒂芬的回应。

• • •

自从我和史蒂芬谈过之后，他在加州理工学院剩下的访学工作都进行得很顺利。之后的几个月里，我们的写作进展

164

很快。之后，我又重新回到了剑桥，日复一日地，我都是坐在他身边，审阅自加州理工学院那次会面以来我们写出来的内容。

有一次，我问了一个关于物理学的问题，史蒂芬没有像往常一样立即回答。我的问题似乎难倒了他，这种感觉简直是太棒了。但是稍后我就意识到，他其实已经睡着了。后来，我发现其他人也有过类似的经历。这一次，史蒂芬前天晚上很晚才回到伦敦。每次做完这类短途旅行，第二天他往往都很累。几分钟后，他睁开了眼睛，我问他要不要来点咖啡，他表示说好的。

他的护理员道恩坐在橘色沙发上，脸埋在一本杂志里。她肯定听到了我俩的交谈，但她没有起身，于是我就走到吧台去冲咖啡。此刻道恩心情不好，因为近来史蒂芬马上要出趟国，正在做计划，但是她不在随行人员的名单上。至少现在还不在。但是其实，出行人员名单还没有最后决定。史蒂芬的决定似乎从来都不是最终决定。

他的大多数护理员都喜欢出国旅行，他们会不择手段地争取被选中随行。出访的目的地或是好玩的地方，或是充满异国情调，而他们的费用会由接待机构承担。所以，这样的旅行，吃住行的条件往往都很好，而且，因为他们要暂时离开家，所以还能得到"差旅补助"。不管是在剑桥还是在国外的行程，这种事都是由一位首席护理员负责安排的，但史蒂芬也经常介入，这一点也人尽皆知。所以他们就想方设法得到史蒂芬的同意，而不去管首席护理员是什么意见。如此一来，那人就被架空了，其角色就像是免费提供食物的餐馆里的收银员，而这样的人肯定不喜欢被架空。这伙护理员里还有一个叫山姆的，他的正式职务是计算机和技术助理，但他也参与协调旅行事务，不过他表现得更超脱。他会在一旁看着这些人演戏，只是偶尔翻翻白眼。

对护理人员来说，讨好史蒂芬并不难。他们有足够的时间为自己争取。他无法走动，甚至无法转过头去不理他们。他唯一能做的就是做个鬼脸。史蒂芬做的鬼脸有时候能让人感觉像狮子在吼叫，非常威严，但他很少这么做。护理人员只需施展一点魅力，就很有可能得到他们想要的东西。表面上看，他似乎很容易被人操纵，但其实他对这一切都心知肚明。如果说他总是尽可能给他们想要的东西，那是因为史蒂芬关爱这些护理人员。

咖啡煮好了，我在往杯子里倒咖啡的时候，道恩突然从沙发上站起身来。"列纳德！这事儿哪能让你去做呢！还是让我来吧。"听她的话音，就好像刚才她没听见史蒂芬的要求似的。她说完就从我手中接过咖啡杯，笑容可掬地端给史蒂芬。

"昨天回来晚了，这会儿觉得累了是吧，史蒂芬？"她一边说，一边把热乎乎的咖啡用勺子喂到他嘴里。她面带微笑，声音亲切而友好，但这骗不了我。我的孩子在想吃冰淇淋的时候，就会这么讨好我。史蒂芬明白这一点，但他仍然喜欢别人这么关注他。他脸上露出了"好的"的表情。他昨晚在外面待得太晚了，此时的确是有点精力不济。他扬起眉毛，开心地笑了——显然，他认为昨晚在外面多待一会儿很值得。

"每个人都想和你在一起，而你又根本拒绝不了这样的派对，这就是你的问题。"道恩说。我不知道道恩是否读过大

166

学，但她如果读过的话，那读的一定是拍马屁专业。

史蒂芬喝了几勺咖啡后，朱迪思走了进来。她注意到现在是喝咖啡的休息时间，于是决定充分利用这个间歇。与许多护理员不同，她从不阿谀奉承。"抱歉，列纳德，"她对我说。"我只有几件事，必须加个塞儿。"我和史蒂芬合作的重要性又降了一个等级。她知道我不喜欢被人打断。很多次，要是有别人打断我跟史蒂芬的谈话，我就会跑到她的办公室跟她聊天，并且跟她抱怨两句。但与其他许多人不同的是，朱迪思在打断我们之前，总是会谋划好该说什么不该说什么，所以她能非常有效地利用时间。不管怎么说，每次我来这里，史蒂芬总能把其他的事情推开，这给我留下了深刻的印象，所以，我也不会因为这点小事而抱怨她。

朱迪思有一大堆事情要跟史蒂芬说。因为史蒂芬可以很快地用他的面部表情回答"是"或"不是"，所以她会把所有的问题都设计成能这么简单地回答的，就好像是抢答赛游戏一样。你想和募捐者见面吗？周一可以吗？周二可以吗？周三可以吗？好的，那就周三？周三下午3点可以吗？她提出的话题涉及很多方面，诸如新闻、研究资助、会议、旅行、金融交易等方方面面无所不包。比如，刚问过的一个问题可能是，他是否愿意公开回应某个议员的挑衅性言论，然后下一个问题又可能是让他确定他女儿露西周日来访的时间。

这一次，朱迪思的最后一个问题是史蒂芬是否准备好了签署一些法律文件。她已经拿来了印台，如果他回答"是"，她就拿着他的拇指在上面蘸一蘸，然后再在合同上按一下。在手印下面，她再写上"朱迪思·克罗斯戴尔见证"，并且签注上日期。做完这些，她回了自己的办公室。跟史蒂芬合作了这么久，我知道他的生活中缺乏隐私，对这一点此时我已经习惯了，但是现在，我进一步看到他是多么容易受周围人的摆布。看到史蒂芬是如何"签署"文件的，就会意识到要想"劫持"那个拇指指纹是多么的容易。好在他有朱迪思这样一个可以信任的人。

做完上面的这一切，我们已经比计划晚了20分钟。但是喝了咖啡之后，史蒂芬又有了精神头，于是我们继续工作。我们一直在讨论《时间简史》。这本书讨论的是宇宙如何开始的，以及从那时起它是如何演化的。该书的部分内容致力于解释我们是如何发现我们已知的东西，尤其是史蒂芬在其中所做的贡献，但是《时间简史》中涉及的科学知识已经是20世纪80年代的成果了。我们此时撰写的《大设计》，其意图就是在《时间简史》的基础上更进一步。这本书基于较新的科学，是当时刚刚出现10年的M理论和史蒂芬在2000年后所做的研究。此外，在《大设计》中，我们打算解释为什么自然的定律就是如今这个样子的，以及宇宙为什么甚至竟然会存在，如果能给出合理的解释，我们或许能回答诸如"宇宙是否需要一个创造者?"这样的问题，这是史蒂芬在《时间简史》的结论中提出的"大问题"。

当史蒂芬终于忙活完了那些琐事，能回来继续跟我交流的时候，他打字说："必须记住，咱们的书所要讨论的话题，是宇宙是否存在一个宏大的设计，即一套控制宇宙的法则。这涉及上帝是否存在的问题。"

我回应说："在《时间简史》中，你最后说，如果我们这些物理学家能最终发现一个大统一理论，我们就会'知道上帝的想法'。你说这话给人的印象是让他们觉得你可能相信存在某种形式的上帝。"

他扮了个鬼脸。他的回答是"不"。要么他认为自己没有给读者留下这种印象,要么他原本不想给人这种印象。

"我指的不是《圣经》中的上帝,"我补充说,"而是自然法则的化身。"

他开始打字。"你可以这样定义上帝,但这是一种误导。这不是人们通常所指的上帝,"他说,"而将自然法则称为上帝是多此一举,因为这么做并没有增加任何新东西。"

"我们不需要直接讨论这个问题,"我说,"但说物理定律没有例外,我们是在说,我们不接受关于上帝的通常的定义,即干预人们生活的上帝。"

"我不想被贴上无神论者或自然神论者的标签。"他说。

"但人们还是会这么做。"我说。

这时,帕特里克走了进来。他是下一轮值班的护理员。

"你好,史蒂芬,"他说,"今天好吗?"

史蒂芬周围的人都习惯随时随地打断他,我真不知道在这种环境中他是怎么做成事情的。另一方面,史蒂芬觉得没有必要回答这个问题。他继续就刚才的话题说下去,没有理会帕特里克打的招呼。

史蒂芬说:"我们的观点是,科学家必须相信自然法则永远适用。这不是信仰,而是基于经验得来的认识。"

"谢谢你把我列入了这次旅行的名单。"帕特里克说,并没有理会霍金并没有回应他的话。

就在此刻,道恩从沙发上跳了起来。"你是怎么进入名单的?"她问道。然后她又看着史蒂芬:"你刚才还说你还没决定呢!"

帕特里克于是试图解释为什么让他加入很重要，如此一来，他和道恩终于引起了史蒂芬的注意。史蒂芬看着他们来来回回地争论着带谁一起去最好，以及他们此前得到过他的承诺什么的。史蒂芬本可以说一两句话就结束他俩的争论，但是他只是看着，并不插言。史蒂芬的护理员们经常上演这样的戏码，可以说，他雇的人很多都是戏精。对他来说，护理人员扮演着许多角色，其中之一就是为他提供私人肥皂剧。但是我却为此感到沮丧。先是咖啡的小插曲，然后是朱迪思过来插话，现在又来了这么一出肥皂剧。我朝道恩和帕特里克挥手示意了一下。他们注意到了，终于闭了嘴。

史蒂芬继续打字。他有许多话要说（对他而言是这样），所以花了20分钟才打完。我在一旁看着他打字。虽然我感到不耐烦，但我没有试图帮助猜测他后面想说的话。他正在谈一个重要的问题，我想让他自己说出来。我把目光从他的屏幕上移开，试图清空大脑，放松一下。最终，他点了一下文字转语音的选项，电脑语音读出了他输入的内容。

"如果你允许上帝干预，自然定律就不成其为定律了，"他说，"这就给上帝留下了两个可能的角色。一个是选择宇宙的初始条件。我们通过宇宙无边界假设消除了这个可能性。我曾在《时间简史》中写过这个。另一个可能的角色是让上帝负责选择一套自然定律，并根据这些定律创造一个宇宙。这个问题我们将在这本书的最后一章中讨论到，而且我们也将看到，没有必要为了这件事求助上帝。"这一观点的论据是基于史蒂芬最近的研究。

"我想表明我的立场，同时又不像理查德·道金斯那样激烈地反宗教，"他继续说，"我刚刚收到他寄来的《上帝的

错觉》这本书。你要是想看就去找朱迪思要。书中的观点我大部分同意,但我认为没有必要像他那样咄咄逼人。"

史蒂芬不想冒犯或激怒信奉上帝的读者。他很注意这一点。虽然他从没有说起过,但我想他对自己的家人一定也有同样的顾虑。即便如此,简在他们离婚后写道:"对上帝的信仰,使我不断获得帮助,也是我力量的源泉 …… 难道我必须让物理这个理性思维的缩影,通过它对于神的蔑视,摧毁我生活的根本动力吗?"我可以很有把握地说,史蒂芬对那些相信上帝的人没有任何的轻蔑,但是简却认为,这种态度在物理学的圈子里根深蒂固,这实在是令人遗憾。当然,破坏妻子生活的"基本动力"对婚姻来说不是一个好兆头。

对于史蒂芬对宗教所采取的态度,我觉得简做出的反应令人费解。我知道,在这方面伊莱恩没有简那样的感觉。伊莱恩对于宗教同样虔诚,可能更虔诚些。她是一名新教教徒,有一次,她得陪着史蒂芬去见教皇,她非常勉强地同意了,但是她拒绝和教皇握手。当她和史蒂芬订婚时,她对他坦言说:"你不会是我生命中最重要的,因为上帝一直都是最重要的。"对此,史蒂芬回答说:"我不介意排在上帝之后。"

• • •

如果广义相对论和量子理论可以和睦相处,那么史蒂芬和上帝也可以。和伊莱恩结婚后,史蒂芬经常陪她去教堂。他不止一次因宗教仪式感动得流泪。在家里,伊莱恩会把额头贴在他的额头上,或者握着他的手,在他身边祈祷。他有时会让她为露西祈祷，希望她能给他生个外孙。其他时候她会为他的健康祈祷。

然而，我最近听说，在经历了十多年的恋爱和十多年的婚姻生活之后，伊莱恩和史蒂芬的婚姻出现了裂痕。这事儿即使我不想听也不行，因为护理人员喜欢聊这些八卦。如果说他们每天在他面前上演肥皂剧，他也给他们演肥皂剧。但是我知道，造成伊莱恩和史蒂芬之间隔阂的不是宗教。

护理人员的一些说法相当令人担忧，而其中一些几乎可以肯定是道听途说。几年前甚至有传言说伊莱恩在虐待史蒂芬。人们推测他受的各种轻伤都是她造成的，比如嘴唇破了，眼眶黑了，等等。据说，有一次她让史蒂芬在浴缸里坐得太低，导致水流入了他喉咙那儿的造口里。在这个问题上，史蒂芬周围的人分成了两个阵营。他的儿子蒂姆和女儿露西似乎相信这些传闻，史蒂芬的许多护理人员也相信。史蒂芬的妹妹玛丽，以及他的朋友基普和罗伯特·多诺万说他们不信。更重要的是，史蒂芬本人强烈否认自己曾受到虐待，警方调查发现"没有证据证实有人对霍金教授犯下任何犯罪行为的指称"。

不管这样的事儿发生了还是没发生，有一件事大家都同意，那就是伊莱恩和史蒂芬的关系一直都很紧张。前一刻的情形是"你这个疯子，我恨你，我再也不想见到你了"；下一刻又会变成"我爱你胜过一切，没有你我永远活不下去"。

我最早是几年前，在法兰克福书展上认识的伊莱恩，当时史蒂芬和我为了宣传《时间简史（普及版）》而去了书展。但是从那时起直到目前为止，在史蒂芬家吃饭的时候，我还从没见过她。我去他家的时候，她不是已经出门了，就是待在楼上。而这种情况即将改变。那天工作之后，史蒂芬像往常一样邀请我去他家，他说这一次伊莱恩会亲自下厨。

· · ·

史蒂芬曾经管他和伊莱恩一起住的房子称为"靠《时间简史》买的房子"。据报道，该房屋的建设成本为360万美元。这可是一大笔钱，但是如果是用《时间简史》赚的钱买的，那还会有很多结余。不过，那本书赚的钱再多，也没有多到让史蒂芬的医疗费用变得充裕到无需忧虑的程度。没错，他身家数百万，但他通常有9名左右的护理员，每年要在这上面花费数十万美元。他所获的麦克阿瑟基金资助最终终止了，书的版税也逐年下降，所以为了填饱医疗看护费用这个野兽，史蒂芬一直在寻找更多的收入来源。

史蒂芬知道，只要他还活着，他的医疗费用只会随着年龄的增长而增加，而他挣钱的能力则会不断下降。在20世纪80年代早期，他就预见到了未来自己在金钱上的需求，这一点激励了他，使他开始撰写《时间简史》。这一时期，班坦图书公司和彼得·古扎尔迪还没关注到他。

此前，史蒂芬曾为剑桥大学出版社写过《时空的大尺度结构》（*The Large Scale Structure of Space-time*）一书。这家出版社的科学部主任、天文学家西蒙·米顿自1970年末以来一直试图激发史蒂芬的兴趣，让他写一本面向普通读者的宇宙学著作。1982年，面对不断增加的医药费用，史蒂芬最终认识到这是个好主意。他按照拟定的计划，写出了书中一个章节的草稿，拿给米顿看。虽然剑桥大学出版社是一家学术出版社，一般都是出版专业书，但米顿想要的是更为通俗易懂的东西。史蒂芬写的内容读起来就像一本教科书，几经修改，也不见改善。他写的东西充斥着方程式。也就是在这时，米顿喃喃道出了他那句著名的警告：书中的每一个方程式都将使书的销量减半。难道史蒂芬没有意识到"普通大众"没有高等数学学位吗？

尽管米顿对史蒂芬写的样本草稿不满意，但他相信人们会对一本宇宙学方面的科普书感兴趣。他也跟出版社的其他人谈过这事，他们决定给史蒂芬开个价。但是史蒂芬明确表示，他不会接受通常的小额预付款。不过大家要知道，如果说面向大众的出版业盈利都不丰厚的话，那么学术出版几乎完全是赔本的买卖。

尽管如此，经过一番讨价还价之后，米顿和史蒂芬同意由出版社预付2.5万美元。这是到那时为止，剑桥出版社同意支付的最大额度的预付稿酬。

米顿起草好了合同，但是他没有像古扎尔迪那样，在史蒂芬改主意之前亲自把合同拿到他面前让他签字。相反，米顿派人把它送到了史蒂芬的办公室。事实证明，那是一个致命的错误。史蒂芬一直都没在合同上签字，而且他再也没有和米顿谈论过这本书。

生命就像量子物理学一样，充满了不确定性，本来瞄准了某一点的东西有时会落在其他地方。史蒂芬原本计划跟一个学术出版机构签约写作《时间简史》这本书。如果是那样，这本书定价会很高，几乎没有任何营销活动，而且如果能卖出1万本，就会被认为是一个巨大的成功。如果不是因为《纽约时报》登了关于他的一份介绍，而且恰好被古扎尔迪读到，然后发生了由此所引发的一系列事件，他就会按照原计划，接受剑桥大学出版社的合同，收到后就签下来。

除了古扎尔迪，至少还有另一位纽约出版界的人读过这篇报道，并且得出结论说：这家伙应该写本书。这个人就是"作家之家"（Writers House）的总裁艾尔·朱克曼。"作家之家"是一家成立仅10年的文学出版中介机构。受到这个想法的鼓舞，朱克曼决定联系史蒂芬，并恰好在他签署剑桥的合同之前联系到了他。朱克曼先生叫史蒂芬等一等，因为他认为他可以得到更高的回报。他让史蒂芬把已经写好的样本融进一份出版选题报告中，寄给班坦图书公司和其他的几家纽约出版商，并策划了一场竞标战，最终由古扎尔迪胜出。

朱克曼给史蒂芬争取到的，不仅仅是一家商业出版商的营销能力，以及10倍于剑桥大学出版社的预付款，他还给史蒂芬引荐了古扎尔迪这个人，他是一位才华横溢的编辑，能够在这本书中投入比学术出版社的编辑更多的时间，而且他知道如何能让这本书获得更多读者的追捧。

在4年的合作中，古扎尔迪不讲情面地发给史蒂芬一页又一页的编辑批注。古扎尔迪希望这本书的语言读起来更像是史蒂芬在跟读者娓娓道来，更个性化，而且他发现史蒂芬的书稿跟他写的选题报告有同样的毛病。书中经常会出现长篇大论，文字枯燥乏味，而且语言的风格飘忽不定，忽而有一些段落似乎是写给十几岁的孩子读的，忽而又有些段落好像是写给物理学研究生的，甚至是写给史蒂芬的物理学同行读的。古扎尔迪在提出批评意见的时候毫不留情，这不免让史蒂芬大为恼火。我们看到的最终出版物对于普通读者来说仍然有些难懂，但是如果你认真地去读，还是能理解其中的要点的。史蒂芬的确下了很大的功夫遵照编辑的意见改进。1988年,《时间简史》上市,一时间洛阳纸贵,首印很快就销售一空。迄今为止,这本书在全球范围内已经售出了1 000多万册。

· · ·

结束一天的工作后,史蒂芬和我一起上了他的面包车,帕特里克负责开车。这辆面包车是定制的。史蒂芬完全能够买得起豪华跑车,钱对他来说不是问题,但是那样的车他不可能坐进去。他所能乘坐的汽车必须进行大幅度的改装。面包车的副驾驶座必须撤掉,车里面还得装一个金属坡道,还得给坡道安装一台电动机,让它能够升降。根据设计,护理员需要把史蒂芬的轮椅推进车厢里,停在前排乘客座位的后面。这个位置的前后间隙有点危险,但如果护理人员小心地移动还是没问题的。等史蒂芬进到车里之后,护理人员就把椅子转过来,朝向挡风玻璃,把轮椅往前推。椅子上有好几套皮带和金属钩,护理人员必须用它们把轮椅固定好,以防车辆行驶中遭遇事故。轮椅上还有一个魔术贴带来固定他的头部。哪怕是回他的家,路程只有2.5千米,5分钟就能到,也得把这一切都做到位。

把车开到车道上后,帕特里克把史蒂芬从车里抱了出来,然后我们一起朝门口走去。这栋房子看似低调,其实很宏伟,比剑桥大学给他配的办公室更配得上史蒂芬的名气。来到门口,帕特里克回到车上去取沉重的医疗包,此时我按响了门铃。伊莱恩过来开门。史蒂芬那时已经60多岁了,伊莱恩也50多岁了。

"嗨,伊莱恩,"我打招呼说。我正要说"很高兴再次见到你",但她却抢了先机,让我把原本要说的愉快问候给堵了回去。

她没有理睬我,而是瞪着史蒂芬。"他是谁?"她说道。听得出来,她似乎很生气。

然后,她又冲着我说:"你是谁?!"

"我是列纳德。"我带着歉意说,"咱们在——"

"你是谁?!"

"我是正在和史蒂芬一起写书的——"

"你是个编辑?"

"不,我是他的合著者。我——"

她没有再理睬我,而是转向史蒂芬说起来。"你是带他来吃晚饭?"她说这话时的语气很愤怒,按说她得是在他耳边窃窃私语时才应该用这样的语气,不该让我听见,但她确实是大声地说出来的。

"要是能提前告诉我就好了,"她继续说,"你从来就不告诉我,是不是?因为你是史蒂芬·霍金,你没必要这么做!嗯,这下可好了,家里的饭不够吃的!"

听完她的这番话,我往后退了退,准备离开,但我能从史蒂芬的眼神中看出来,他希望我留下来。他没有表示出任何羞愧或抱歉的意思。他甚至飞快地笑了一下,仿佛伊莱恩刚才说的是:"亲爱的!你带了一个朋友来咱家吃晚饭,这真是太好了!"

我告诉伊莱恩我并不很饿,但我很乐意和他们坐一坐,陪陪史蒂芬。她平静了下来。"不要怪我。"她说。说罢,她

177

不再理睬史蒂芬，而是请我进去。就在这时，帕特里克带着医疗袋出现了，他把史蒂芬推进了洗手间。

"对不起，"他们离开房间后，伊莱恩跟我说，"我只是觉得自己是给他当了20年的奴隶，真是受够了。"

伊莱恩带我走进厨房外的用餐区。我从壁橱里拿出一瓶葡萄酒。帕特里克推着史蒂芬进来和我们一起用餐，伊莱恩端上来第一道菜。除了帕特里克，大家都不大说话。这情景让他有些迷惑。他能感觉到刚才发生过什么事情，但由于没有在场，他不知道到底发生了什么。他不停地给史蒂芬喂饭，并且装作什么也没发生，就跟平常晚餐时一样，还不时闲聊几句。

大家吃了几分钟后，伊莱恩端起盘子站了起来。"我受不了这场面了。"她说道。说完，端着盘子朝楼梯走去。我有些不解。

这不是她第一次让我感到不解了。第一次在法兰克福见到伊莱恩时，我想给她拍张照片。我们当时是在公共场合，但她的反应就好像我是一个偷窥狂。"不要！"她尖叫了一声。起初我以为她生气了，但很快我就发现她是感觉受了屈辱。"我什么都不是，是个无名之辈！"她接着说。我不停地道歉，后来她的态度软化了，好像是意识到自己的反应有些过度了，想要为自己辩解一下。"对不起，"她说，"我只是不想让人给拍照。我什么都不是。我是无形的 —— 就像空气一样。"我当时觉得她好像就要哭出来了。

那件事也让我感到很困惑。我踩到了地雷，但是那里为什么会有一枚地雷？她认为拍照是侵犯隐私吗？我知道她既不害羞也不内向，所以为什么要对拍照这样的事小题大做呢?是因为心存怨恨吗?她是不是在说"现在怎么有人敢注意我——只给我这么一点点注意,还这么迟?"

多年以后,在史蒂芬去世后,我与伊莱恩有过一些交流,那时的她似乎变得成熟起来,能够让我对曾经目睹的场景多一些了解。"史蒂芬就像一个演员,"她说,"他需要成为人们关注的中心,宇宙的中心。他喜欢这种感觉。这会赋予他能量。他爱周围的人。他的生活很艰难,但他是一个非常勇敢的人。他从来没有抱怨过,但是他需要成为人们关注的焦点。是的,我可能很讨厌这一点。当然不是一直都讨厌,但是当我累了,或者是有个护理员跟他调情,或者是发生了别的什么事情的时候,我就很烦。但是讨厌和心烦都是暂时的,那些情绪都会过去。在内心深处,他是我唯一的爱。"我相信她所说的都是真情实感。

有很多词可以用来形容史蒂芬。勇敢、固执、充满怀疑、善于视觉思维、充满激情、爱玩、坚毅、聪明绝顶、风趣……但在深入了解他之后,你会发现他所有最脆弱的地方。他的汗腺会折磨他,他的气孔可能会使他窒息,他的朋友或妻子可能会背叛他。他受所有人、所有事的摆布。随着我们关系的加深,我越来越钦佩他能如此优雅地接受这一切。但跟他在一起也有不好的一面——这会让你很脆弱:他的身体需求随时可能让工作中断;计划可能会在瞬间被打乱;混乱是常态;不可能进行时间管理;沟通不稳定,而且可能需要花费很长时间。对他来说,最重要的事情总是物理学,而未完成的任务总是会很快堆积起来。他很少对配偶说声谢谢。另外,对他后来的妻子来说,要面对他第一次婚姻留下的包袱。

为了嫁给史蒂芬，你必须放弃自己的一部分。倒不是史蒂芬心肠冷酷，而是他温暖的灵魂被裹在了残疾的身体里。我不禁想到，作为他的妻子，拥抱他时却无法感受到他的拥抱，那会是什么感觉？由于跟他联系和交流感情很困难，而你会因为他的需要和他的名声而被要求做出牺牲，这很容易让配偶觉得自己被他遮蔽了，感到失去自我，并感到自身无足轻重。

　　我很喜欢史蒂芬，也觉得我们俩的工作非常有价值。但我不会想做他的室友、护理员或伴侣。我觉得跟他住在一起会把人逼疯的。我想，伊莱恩应该就是有这样的感觉，至少是时不时地有。简也许同样如此。这一点我无从判断，因为我只跟简见过很少几次面。

　　伊莱恩突然离开餐桌，使我们都感到尴尬。我觉得她这么做不是因为我们说过什么不合适的话。她此前所感到的烦闷肯定一直憋在心里，不断发酵，直到最后爆发。我不知道我该作何反应，帕特里克当然也不可能知道。"沙拉不错！"他最后说了这么一句，然后继续喂史蒂芬。

· · ·

　　那天的晚餐感觉很漫长，吃完伊莱恩做的晚餐后，我很高兴马上就可以离开了。我想找个深夜开门的酒吧喝上几杯啤酒。由于需要先走半小时的路回到住处，然后得在学院晚上11点关门前赶到那里，所以我急于离开史蒂芬的住处。我说了再见，但就在我要离开时，史蒂芬似乎有话要说。我等着他打字。

"我们要的预付稿酬太少了。"他的声音说道。

我耸了耸肩。"我自己也觉得有点少，但我觉得预付稿酬是你和艾尔负责谈的。"他说的艾尔就是艾尔·朱克曼。在《时间简史》出版30年后，他仍然是史蒂芬的出版代理人。他又开始打字。他此时此刻提起这件事，似乎有些奇怪。

"我们应该得到双倍的，"史蒂芬说。

我笑了。"我也这么觉得！真是有些糟糕，"我说，"我还奇怪你当初为什么没要更多呢。"

史蒂芬扮了个鬼脸。他的回应让我很困惑，因为我刚才是对他的观点表示了同意。

接着，他说："我想让你告诉艾尔，我们想要双倍的预付稿酬。"

这把我搞糊涂了。都这个时候了，我们怎么能跟艾尔提这事儿？预付稿酬的额度是我俩都同意了的，而且已经签了合同。何况我们当时已经开始写书好长时间了。史蒂芬的建议似乎和当初提出的黑洞会辐射的观点一样荒谬。

"呃……我不知道咱们该怎么跟他说。"我说。

我自我感觉自己平时总是很自信的，现在却觉得这件事真的是难以启齿。违背我们当初的承诺去修改合同显然不妥，但我也不太愿意告诉史蒂芬我不想跟艾尔说这事儿。此时，他又扮了个鬼脸。

"艾尔会不高兴的，"我说，"没人会那么做。"

"如果艾尔不高兴，那去他的吧。"史蒂芬说，"去他的"是一句比较温和的脏话。我在酒吧里遇到过一些人，他们张口闭口都会说"去他的"。我并不真的知道那么说是什么意思，而且听到史蒂芬的电脑语音说脏话也让人感觉怪怪的。

听到史蒂芬跟他的写作事业所仰仗的人说这样的话，也很奇怪。尽管如此，他的主旨很清楚。

我非常犹豫。他看起来很坚决。最后，我说："好吧。我打算回家的时候在纽约逗留一下。我会跟艾尔说的，然后告诉你结果。"

帕特里克一直在旁边看着，似乎觉得这场面很有趣。

"欢迎来到霍金世界。"他说。然后，他对史蒂芬说："我的工资也能翻倍吗？"

10

《时间简史》出版于1988年，恰逢愚人节，史蒂芬当时46岁，在同行眼里，他已经是那一代最伟大的理论物理学家之一。话说回来，如果他不是最伟大的物理学家，而是最伟大的篮球运动员、歌手或首席执行官，那他赚的钱就足够养活自己一辈子了。但对史蒂芬来说，在1988年愚人节之前，维持生计是一项永无止境的奋斗。倒不是说他到了需要钱付房租的地步，而是需要钱来活下去，在别人的照顾下活下去。一根蜡烛一旦点燃，凭借自身就会一直持续燃烧到最后。但是史蒂芬的生命之烛需要经常得到照料。一小时又一小时，一天又一天，一年又一年，它总有可能被偶然飘来的一阵风吹灭。

其实，媒体在报道的时候，要想准确地描述《时间简史》的内容，其标题原本应该比较低调，比如说这样："某著名物理学家对其理论的解释"。但实际上，媒体对这本书及其作者的描述并没用这么实事求是的说法。在媒体上，史蒂芬·霍金这个不能动弹的人被称为"宇宙的主人"。史蒂芬·霍金本人是无神论者，但报纸宣称："这位勇敢的物理学家了解了上帝的思想"。媒体之所以起这么夸大的标题，其实不过是为了推销自己的文章。在传媒行业里，如果针对关于太阳将在50亿年后爆炸成为红巨星的某篇学术论文进行报道，编辑可能会起这么一个标题："科学家说世界将要毁灭"。当然，如此这般的炒作不仅仅有助于推销报纸的销量，同时也有助于推销这本书以及作者史蒂芬。

在公众的眼中，史蒂芬很快就成为了自柏拉图以来最伟大的思想家之一，而不仅仅是他那一代最伟大的物理学家。史蒂芬的一些同事对这种炒作感到暗自欢喜，为他感到高兴，但也有人有所抱怨。一位物理学家在1988年伦敦《星期日泰晤士报》的一篇文章中说，要是举出20世纪最优秀的12位物理学家，史蒂芬不会包括在内。如果求证于史蒂芬本人，他对这个评价也会表示同意。他知道，早年在加州理工学院的时候，他在劳瑞森实验室四楼的物理学家中只能排第三名，排在默里·盖尔曼和理查德·费曼之后。尽管如此，史蒂芬还是很高兴能成为他所在领域的代表，为这个研究领域代言。更重要的是，他可能比任何在世的物理学家都更需要名声所带来的金钱。至于金钱是否能带来幸福，心理学家一直争论不休，这一点先暂且不论，对史蒂芬来说，金钱的的确确能延续生命。

骤然而来的名气并没有冲昏他的头脑。就像大多数聪明且有成就的人一样，史蒂芬一直有点傲气，但他也认识到，尽管他聪明，但大自然更聪明，所有的理论家从经验中都会知道这一点。然而，《时间简史》这本书确实改变了史蒂芬的物理学人生，因为他新获得的名气占用了他太多的时间。《时间简史》出版后，大量媒体邀请他出席活动，而且他后来和简分手了，随后又跟伊莱恩结婚，然后搬进新房子——要不是以上这些接二连三的事情，20世纪90年代本该是他作为一个物理学家研究成果最为丰硕的时期。

在《时间简史》出版后的10年里，史蒂芬在物理学领域最著名的贡献不是在物理学上，而是在物理学营销上。这个事件的起源，是1997年他和基普·索恩跟后者在加州理工学院的同事约翰·普莱斯基尔（John Preskill）打赌所引起的轰动。这个赌注与史蒂芬在1975年率先提出的问题有关。

从物理学的观点来看，所有物质中都包含有编码的信息。例如，氦原子携带着的信息表明它不是氢或其他元素。史蒂芬下赌注时所考虑的，是当一小部分物质成为黑洞的一部分，然后在霍金辐射的过程中消失后这些信息的命运。这个问题通常被称为"黑洞信息悖论"。由于史蒂芬当时已经声名显赫，他打赌的事上了世界各地报纸的头条，并使物理学家重新对这个问题产生了兴趣。

物理学考虑的就是如何预测未来。当然，物理学所预测的不是人类社会的未来，也不是股市的未来——那些领域太复杂了，必须留给其他学科去解决。我们这些物理学家关注的是物质和能量的最简单的形式：粒子、光、材料、液体……我们建立了关于上述事物的理论，并推导出它们所遵循的规律，以便能够理解物质和能量系统如何随着时间相互作用和演化。

既然物理学的核心目标是预测，那么可想而知，对物理学理论的一个基本要求就是，如果给定一个系统的当前状态，我们需要知道如何计算它未来的状态。也正因为这一点，"信息"的问题被提了出来——物理学家所说的"状态"

指的是关于一个对象的相关数据，而数据就是信息。

我们已经知道，在量子理论中，与一个系统相关的信息被编码在它的波函数中。波函数随时间变化的方式反映了系统的状态如何演变，所以如果你知道任意时刻的波函数，理论中的规则会告诉你如何计算其他时刻的波函数。所以如果你知道一个原子当前的波函数，然后想知道它在一分钟后具有特定性质的概率，你可以从波函数中提取出相关的信息。

同样重要的是，你可以反向计算——从稍后某个时刻的波函数，可以计算出较早的时刻的状态。就波函数而言，过去和未来都是可知的。物理学家称这种性质为"幺正演化"（unitary evolution），或者更简单地说，"幺正性"（unitarity）。这是量子理论相关的数学和物理学中最基本的原理之一。

把沙子搅入水中，不会使水变咸。但海滩上的盐分会溶解在海水中。自然界的物质可以改变，但每一种物质、每一种分子、每一种原子、每一种粒子，都有自己的特性和特征，在被投入水中、燃烧或粉碎时，也有对应的反应。原则上，即使是两本书燃烧时冒出的烟，也会在某种程度上反映出它们最初的性质特征。这是幺正性的结果——它意味着通过分析一个过程的结果，（原则上）你可以推断这个系统是如何开始的：如果杯子里的水是咸的，你就知道有盐搅拌到里面了，而不是沙子。

也正是在这一点上，黑洞似乎跟宇宙中任何其他物体都不相同。如果把盐粒和沙粒扔进黑洞，它们都会略微增加黑洞的质量，但不会改变任何其他方面的性质。进入黑洞之后，区分一种物质与另一种物质的特征已不复存在。而且，由于这两种物质进入黑洞后的效果是相同的，所以从外面你无法确定先前掉进去的是什么，这就是么正性的问题。因为这意味着如果一个黑洞吞噬了物质，你就无法再用系统当前状态的信息来重建它的过去——过去无法再被重新发现，它被抹除了。

但是黑洞真的会吞噬物质吗？大家一起来考虑一个思想实验。假设基普和史蒂芬各自乘坐宇宙飞船探索太空，距离某个黑洞有一定的距离。基普决定去看看黑洞内部是什么样子，所以他驾驶他的飞船冲过去，而他则记录下在经过黑洞视界后看到的东西。然而很可惜，他所发现的一切只有他自己一个人知道，因为一旦越过了视界，他和他传播的任何信息都再也出不来了。科普书里在描述黑洞物理学的时候，经常提及这样的场景。但是基普的视角在这里无关紧要，与信息丢失问题真正相关的是此时还处在黑洞边缘的史蒂芬的视角，即处于这个黑洞外部的人的视角。

从史蒂芬的角度看，基普永远不会落入黑洞。事实上，那些与黑洞保持特定距离的人永远不会观察到任何物体落入黑洞。这是因为在附近的人看来，黑洞附近的时间会变慢。远处的观察者会看到时钟在接近黑洞的过程中走得越来越慢。类似地，他们会看到接近黑洞的物体移动得越来越慢——直到慢得看起来好像根本没有移动一样。[1]因此，尽管从像基普这样的观察者的角度来看，他自己可以跌入黑洞并

---

1 广义相对论告诉我们，在黑洞外围，时间会减慢，这意味着，从被困在黑洞外的物体发出的光波，其振荡的速度将会更慢。最终，它们的频率会降低到一种程度，无论我们的技术如何先进，这些物体都将无法被探测到。从某些方面来说，这使得它们到底是落入了黑洞视界内还是停留在黑洞视界外成了一个值得争论的问题。

在黑洞内环顾四周，但从距离黑洞一定距离的史蒂芬的角度来看，所有的物体，包括基普，似乎都在减速，停在黑洞外。它们似乎被"粘"在了黑洞的表面上。

两位观察者对事件的看法截然相反，这一点实在是太奇怪了。但这个问题不是物理学上的，因为那些坠入黑洞的人和留在外面的人无法交流，就好像他们生活在两个独立的、平行的宇宙里一样。

幺正性原则的重要之处在于，就我们这些外部观察者而言，物体永远不会完成坠入黑洞的过程。它们不会真正被吞噬，所以它们携带的信息不会丢失。至此，幺正性原理是成立的。

而恰恰此时，我们需要引入霍金辐射。根据史蒂芬的计算，黑洞会辐射能量，而这种辐射将跟任何热体发出的光一样，它不包含任何信息。更重要的是，史蒂芬预测，随着黑洞缩小，这个过程将会加速，直到最后，黑洞消失在一场威力巨大的爆炸中，不留下任何痕迹。至此，信息就彻底消失了。这样就违背了幺正性。量子理论的数学计算认为这不可能发生，但史蒂芬的黑洞理论认为它会发生。这就是黑洞信息悖论。根据史蒂芬的理论，在某个时刻，用来追踪系统演化的量子力学的预言必然失效。

奇怪的是，虽然霍金辐射理论似乎违反了量子理论的一个基本原则，但在过去的几十年里，这一事实并没有引起太多关注。然后，在20世纪90年代，人们对此的兴趣渐渐浓厚起来，在阿根廷裔美国物理学家胡安·马尔达塞纳（Juan Maldacena）取得了一项理论上的突破之后，史蒂芬又打了一个著名的赌，使得人们对此的兴趣日渐增加。在这场赌局中,史蒂芬和基普的立场是,信息确实丢失了,必须以一种未知的方式修改量子理论来解释丢失的原因。而约翰·普莱斯基尔则打赌说,恰恰相反,史蒂芬的计算是错的。他认为,史蒂芬为了推导出他的理论的预测所做的数学上的近似推演使得信息看起来似乎是丢失了,而实际上并没有。

在普莱斯基尔看来,如果一个人能够准确地解决这个问题(比如通过量子引力理论,我们每个人都希望有朝一日我们能够拥有这么一个理论),或者如果一个人能够找到一个更好的近似解的方法,那么就会发现这里所讨论的信息会以某种方式出现。

一些赞同普莱斯基尔观点的人认为,史蒂芬·霍金本人关于霍金辐射特性所持的观点是错误的。也许这种辐射并不是史蒂芬所说的真正的普通热辐射,而是一种以某种方式编码信息的辐射。毕竟,从外部观察者的角度来看,物体并没有一路径直掉进去,而是停留在黑洞"外面",此时有人可能会问,当黑洞消失时,这个物质构成的外壳会发生什么?没有人知道。是否可以证明蒸发过程恢复了那里保存的信息?也没有人知道。另一个流行的理论是,发出辐射的黑洞不会像史蒂芬预计的那样完全消失,而是会留下一个包含信息的残余物。

当别人在思考这些想法时,史蒂芬也在思考。后来,在2004年——在打赌7年后——史蒂芬安排了一个重要的发布会,讨论他关于这场打赌的最新想法。他认为自己已经解决了这个问题,并且自我感觉很满意,这又一次让物理界大吃一惊。

∙ ∙ ∙

上文说我答应了史蒂芬，这一次从剑桥回美国，我会去"作家之家"拜访艾尔·朱克曼。在艾尔"发现"史蒂芬之后的20年里，该代理商不断发展壮大，在西二十六街有了两栋毗邻的砖木结构的楼房，就在距离百老汇不远的地方。它们是由无电梯的老式住宅楼改造而成的，共有4层，窗户很少。随着时间的推移，人们推倒其中的几面墙，再新加几堵墙，让两座老楼逐渐融合形成了一栋楼，里面有20多名文学经纪人。这座建筑很有特点，也很拥挤。

就像他办公室所在的老房子一样，艾尔也很有特点。现在他已经70多岁了，在图书行业里已经是一个很了不起的人物了，而且他的穿着也很符合这一身份。他甚至还有浓密的眉毛，更是符合普通人对具有这种身份的人的想象。我的经纪人苏珊·金斯伯格（Susan Ginsburg）也是作家之家的成员，她也参加了会面。

苏珊没有告诉艾尔我们见面要谈什么。她要是事先说了的话，他也许就不会让我们进他的办公室了。但我们那天进去了。我们先是寒暄了一下。我一边随便抱怨着剑桥糟糕的天气，一边鼓足勇气把从剑桥带来的信息——史蒂芬的口信——说出来。听明白这条口信比听明白史蒂芬宣布霍金辐射要容易得多，但我预计效果会同样糟糕。"黑洞不辐射"这一观点一直是物理学家们的信条和口头禅，而史蒂芬把它摧毁了。"你不能食言，在双方已经同意的基础上让对方把预付稿酬加倍"——在我看来，这像是一个基本的代理原则，但是史蒂芬显然不想理会这样的条条框框。

"什么？你让我怎么去跟班坦图书公司汇报？"当我终于说出此次到访的真实意图后，艾尔说道。而且果不其然，他接着说："我们不仅已经达成了协议，而且还跟出版社签了合同。你们也同意了这份合同。我们双方都做出了承诺。"

"你说的这些我都知道。"我说，语气透露出我心里有些过意不去。

这个情况的确有些奇怪。我知道，如果说有谁能将史蒂芬的要求变成现实，那个人就是艾尔，但是，如果说有谁会觉得史蒂芬的这个想法令人讨厌，那个人也是艾尔。整件事都让我感到很不自在，但我已经听天由命了。我也依了史蒂芬的主意，跟艾尔要求得到更多的预付稿酬。放弃最初的条件，去要求得到更多的钱，这种感觉很奇怪。

"他为什么会突然提出这一点？"

"我不知道，"我说，"但史蒂芬就是这么想的。"

"如果我要求支付更多的预付稿酬，班坦图书公司那边会很生气！那些人会气得发疯。"艾尔预测道。

"没错，艾尔，不过他们会同意的，你说呢？"苏珊说道。

"他们不会同意的，因为我不会提起这事。我根本不能那么去做。"艾尔坚持道。

我们3个人兀自坐在那儿，半晌都一言不发，就像3个参加电视智力竞赛节目的参赛者那样，面面相觑，就好像主持人刚刚问了一个很偏的问题，谁也不知道答案是什么。最终是苏珊打破了沉默。

"我们先把这事儿放在一边，等明天或后天再打电话讨论这个问题吧。"苏珊说。

"我不需要暂时把它放在一边，"艾尔说，"你可以直接告诉史蒂芬，我说了，这行不通。"

"好吧，"我说道，"但是，艾尔，有件事你应该知道——这话只是咱俩私下里说说，我觉得史蒂芬好像有点不满意。"

"你到底要说什么？"艾尔问道。

"他前不久刚说起来过。"我说。我不喜欢提起这件事，但对这事儿我得实话实说。"他担心你现在变得没那么有进取心了。"

"没那么有进取心了？这跟进取心没有任何关系。要求拿到更多的预付款对最终的收入不会有任何影响。无论是哪种方式，你最终得到的钱数都是一样的。如果现在不预付版税，以后会照单全付的。这本书很棒，肯定能卖到100万册。你就告诉他，说我认为这是个坏主意，因为预付不预付的没有什么影响。"

"我可以告诉他这些话，"我说，"或者你可以发邮件告诉他。"

"好吧，我会的。"艾尔说道。

我当时觉得就此打住也许就够了，但我觉得我有必要把全部的情况都告诉艾尔。

"我应该告诉你一下，史蒂芬还说了些别的话，"我补充道，"他说，如果艾尔不愿意这么做，那么就'去他的吧'。"

"他告诉我史蒂芬说过这话时，我真是大吃一惊。"苏珊插言道。

"我敢肯定，史蒂芬这样说并没有什么恶意。这只是英国人的一句口头语罢了。"

"他真的说了'去他的'？"艾尔问道。他似乎很怀疑。

"对不起，"我说，"转达这句话真是让人很尴尬。但他的确这么说了。"

我觉得跟他说起这件事很不好意思。我想，出自史蒂芬之口的这番话该有多伤人，毕竟，艾尔为他付出了很多。长时间的沉默。当时我真是尴尬得要命，希望自己能找个地缝钻进去，哪怕是在牙医诊所里让医生钻我的一颗牙，也比这好受些。艾尔把目光转向苏珊看了看，又转向我看了看。他浓密的眉毛一会儿扬起，一会儿落下。然后，他耸了耸肩。"有人对我说过更糟的话。"他说。说罢，他露出微笑，询问了一下我的几个孩子的近况。

我们的会面差不多就此结束了。在听到"去他的"的言论后，艾尔决定和班坦图书公司谈一谈，"摸清楚他们的感受"。

他们的感受肯定不错，因为接下来我所知道的事情就是，我们的预付稿酬真的翻了一番。

后来当我见到史蒂芬谈起这件事时，他并没做太多的反应。他似乎一直都认为班坦图书公司会同意的，因此提出来之后根本就没多考虑过这事。他似乎已经意识到，是他 —— 史蒂芬·霍金 —— 成就了班坦图书公司，而我当时还没有意识到这一点。但是另一方面，艾尔也说对了。《大设计》大获成功，从最终的结局来看，双倍的预付款并没有对我们最终的收入产生任何影响。

. . .

伊莱恩接受了史蒂芬提出的离婚协议，在她和史蒂芬上法庭的第二天，我和史蒂芬在一起。他刚过65周岁生日。

在这之前，在2006年10月，他们已经提出离婚申请，但伊莱恩还没有搬出去。这并不意味着他们会经常见面——他们在家里各自都有不同的领地，她的地盘在二楼，他的在一楼。朱迪思说，史蒂芬没有坚持要伊莱恩搬出去，这是因为史蒂芬"心太软"了。我认为，还不只是因为这一点。我想这是因为，要是她搬出去了，他会非常想念她的。不能和一个人继续在一起生活，并不意味着你可以没有她。

那天的大部分时间，史蒂芬都眼含泪水。奇怪的是，我们也完成了很多工作。遇到伤心的事，有的人会借酒浇愁，而史蒂芬则用物理学来浇愁。朱迪思和琼后来都告诉我，有我在场让他精神振奋，他觉得我们的讨论"有启发性"。听到她俩这么说我很高兴，尽管我心里半信半疑，觉得他不大会说出那种话来。

不管史蒂芬是否受到了我们工作的启发，至少在那一天，我是受到了启发。我们讨论的是"对宇宙进行微调"。我刚刚读完一本关于这个主题的专业书，觉得那书很有启发性。在那本书中，不同的理论家分析了如果物理定律在不同方面发生轻微改变，宇宙将如何演化的模型。你能在多大程度上改变这些定律，但同时保证让那样的宇宙中还能产生生命？根据他们的计算，其实没有多少回旋的余地。

史蒂芬和我以前讨论过"微调"的问题，但直到我读过那本书之后，才意识到对我们这样的世界的存在来说，微调的幅度必须十分的微小。显然，除非微调之后的宇宙法则与现有的几乎完全相同，否则这个宇宙中就不可能存在恒星、行星、碳原子和生命所必需的其他物质。例如，把强核力的强度改变0.5%，把电磁力改变4%，或者把质子的质量改变0.2%，我们就不可能存在。我心里想，几十年前，史蒂芬的身体被他的病情诊断搞得天翻地覆，然而他却找到了活下去的办法。此时，他的心理又因与伊莱恩的离婚而天翻地覆，但我相信他这一次仍然能挺过来。然而，宇宙中的生命显然没那么有弹性。

在史蒂芬悲伤的间隙，我们谈到了研究宇宙微调的意义。似乎只有两种方法可以理解粒子、力和物理定律之间的微妙平衡。一种是借助上帝。在这种情况下，你相信宇宙的一切都是事先安排妥当的——根据上帝的宏伟设计做好了微调。另一种解释采用了多重宇宙的概念。在这种情况下，你需要承认存在多个宇宙，每个都有不同的定律。如此一来，微调就没有什么神秘的了，因为在某些宇宙中——那些性质与我们自己的宇宙非常相似的宇宙——生命是可能存在的，而在另一些宇宙中则不然。既然此时此地我们确实存在，我们显然已经处于那些我们可能存在的宇宙中的一个里面。

这就像在浩瀚的沙海之中的一个小湖里发现了一群鱼，尽管沙漠里的这个小湖是鱼类唯一可以生存的地方，但它们发现自己生活在其中并不是什么"幸运的奇迹"，因为没有任何鱼类能在炎热干燥的沙子中进化出来。这就是我们在《大设计》中提出的观点。

必须指出，史蒂芬并不是为了避免引入上帝的概念才开始相信多重宇宙理论的。相反，他的研究引导他拥抱多重宇宙理论，这跟宇宙的微调问题无关。然而，微调理论所蕴含的内容引起了他的兴趣。有人认为，如果科学还不能解释某种现象，那一定是因为这种现象超出了科学的能力范围，史蒂芬强烈反对这种观点。一方面，也是出于这一点，他对宇宙起源的研究特别感兴趣，因为这一研究几乎是科学尚未触及的唯一领域。通过解答这个问题，史蒂芬感到他的研究加强了科学本身的正当性，他为此感到自豪。宇宙微调问题是其中的一部分。

虽然随着讨论的进行，我们渐渐都忘了讨论的初衷，但我仍然难以无视史蒂芬内心涌动的悲伤。我知道他认为他不可能像爱伊莱恩那样再爱上另外一个人了，而我同时也知道，伊莱恩也是这么觉得的。我知道他可能会害怕自此以后就会独自一人。我也知道，他对分手一直很矛盾。他是在与基普和罗伯特·多诺万进行了长谈之后才最终做出决定的。在他们的劝告和鼓励之下，他终于认识到，他自己的麻烦是结束婚姻的理由。最后分析起来，我不清楚到底是他还是伊莱恩提出的离婚诉讼，但不管怎样，一旦他断定他俩应该分开，就像罗伯特告诉我的那样，史蒂芬自有他的办法安排这一切。即便如此，似乎一想到伊莱恩，史蒂芬的眼眶就会湿润。

• • •

下班后，史蒂芬像往常一样邀请我与他共进晚餐，这次是在我所住的老剑桥冈维尔与凯斯学院的教授餐厅。这些建筑的历史可以追溯到1353年，是围绕两个主要庭院建造的。我的房间俯视着其中的一个院落。这些建筑很有特色。不过由于是14世纪的石头建筑，你不能指望里面的水电暖设施有多么先进。

只要你知道教授餐厅在哪栋楼，就能很容易找到地方。你需要沿着标有"教授专用楼梯"的古老木制楼梯上去。这个楼梯的对面还有另一道楼梯，不过那个是给那些身份不那么显赫的人用的，通向那些不太显眼的房间——比如学生吃饭的地方。然而，对于残疾人来说，只有一条路可以走。那是一个缓慢的、嘎啦嘎啦响的电梯，就在教授专用楼梯旁边。它华丽的木镶板似乎随着岁月的流逝而有了自己的性格，但电梯马达不会随着岁月增加而变得更有个性，坐过几次后，我觉得这个电梯很吓人。史蒂芬的轮椅刚好能进到电梯里，所以我们只能把他一个人推进去，替他按好按钮，然后让他一个人坐着上去。同时我们会徒步上楼，到了楼上再把他从电梯里拉出来。我第一次看到这种操作的时候觉得这挺冒险的——如果电梯卡住了怎么办？但是史蒂芬并不觉得有什么不妥。这是他重复了数百次的例行程序。

那天晚上，我们是在一间陈设华丽的老房间里用餐，小口喝着雪利酒。最后，我们转移到另外一间华丽的老房间里，喝了些葡萄酒，结束了这场晚餐。史蒂芬从读研究生的时候起就好来这两个房间喝酒，不过那时候他需要有教授的邀请才能进来。两个房间的墙上都挂满了画像。我仔细欣赏了其中的一幅，画像中的人物是威廉·布兰斯维特（William Branthwaite），他在1607年被任命为凯斯学院的院长。布兰斯维特当院长的时期，该学院的主要研究方向是医学。具有讽刺意味的是，学院有一条规定，禁止任何重病患者进入医院。此外，学院还禁止残疾人或任何"畸形、聋哑、跛足、肢残或威尔士人"入学。除了"威尔士人"这条之外，史蒂芬把上述情况基本上占全了。看来，他没有生活在那个时代实属幸运。至于我，我很高兴他们不禁止醉鬼入内，因为刚开始喝酒时，我腹内空空，几杯雪利酒下肚就有些微醺了。

在两场酒之间，我们在另一间华丽的房间里吃了晚饭。那是教授们的餐厅。餐厅的布局很奇怪——房间很长，但有点窄。高高的天花板上乳白色的横梁纵横交错，横梁上绘着错综复杂的彩色图案。朝向院外的一面，是一通到顶的落地窗，窗户与窗户之间是科林斯式的柱子。在高高的内墙上，有一条灰色横带，上面有描绘武士搏斗的浅浮雕，表现的是希腊人在与亚马孙族女战士的战斗吗？我拿不准。

房间里是一张几乎与房间等长的胡桃木餐桌，周围有64个座位。当时只有10个人在吃饭。这群人正好坐满中餐馆用的那种圆桌，但是在这个宏伟的房间里，只有10个座位前摆着餐具，另外则有54个座位空着，这让我觉得我们像是鬼城的客人。我看了一眼史蒂芬，发现他的表情非常的自在。我想，虽然我觉得这里像是个鬼城，但对他来说，是习以为常的传统。

餐厅使用的瓷器很精致，但是食物寡淡无味，火候基本上都有点过。吃的东西有牛里脊、胡萝卜、青豆、土豆等，都是用"著名的"英式传统方法烹煮的。据我所知，当年布兰斯维特吃的是同样的东西。房间的服务也是复古风格，殷勤备至，让我有些不知所措。如果你从水晶水杯里喝了一口水，服务员马上就会过来续杯，而不是等你喝完再续。我们总共只有10个人用餐，却有3个服务员站在一旁伺候着，奇怪的是，只有两个服务员会过来服务。

后来我发现，第三个人是管家，他是个瘦削的中年男人，全神贯注地站在那里，只是用手指点和比划着。他指挥着另外两个女服务员，仿佛她们是他的傀儡。他一招一式都特有范儿，却始终一言不发。在我家里吃晚餐，可不是这种风格。有一次，在我家的家庭晚餐上，我让小儿子亚历克塞递给我一个小圆面包。他一时兴起，从桌子对面抛了过来，我伸手就接住了。对此我并不介意，这是家庭用餐的乐趣之一。然而，今晚我参加的不是那种类型的晚餐。

今天的晚餐非常注重繁文缛节，不过整体的气氛还是很愉快的。有一次，我的体重急剧下降，有位医生告诉我说，卡路里就是生命——你必须吃东西才能活下去。对史蒂芬来说，一日三餐的意义还不止于此。即便是肉有些老，他也并不介意。他的护理人员在给他喂汤的时候，会在汤里拌很多肉汁，这对他的健康有帮助，但他并不只是在吃，他是在享受别人的陪伴。

我和史蒂芬紧挨着坐着。我的另一边是一位健谈的伙计，他曾任英国驻波兰大使。做这份工作显然需要喝很多伏特加，不管你想不想喝，波兰人都会给你倒上，然后想方设法劝你喝下去。他现在成了凯斯学院的院长，喝得少多了。

几乎在威廉·布兰斯维特的时代过去400年后，坐在我旁边的这个人做的是同样的工作。想到这一点我感慨良多。这位前任大使及现任学院院长说起话来口若悬河，滔滔不绝。他娓娓道来，跟我们讲他在波兰官方组织的聚会上如何装作举止得体，然后趁机偷偷将伏特加倒进花盆里。

史蒂芬似乎对这个话题很感兴趣。我记得，史蒂芬在做学生的时候，曾对他的朋友罗伯特说，要想吃完丰盛但容易让人酒醉的剑桥晚餐，第二天又不感到宿醉难消，关键的秘诀是要在吃饭的时候多喝酒,但是不要再喝餐后上的葡萄酒或白兰地酒了。在剑桥,你是可以拒绝的,因为斟酒有斟酒的仪式,服务员首先会问"您要不要加一点?"但是在华沙,那里的人显然省略了这样的步骤。对院长讲的故事,史蒂芬似乎想发表些看法,插上一两句话,但最终却没有。他忙着嚼那块煮老了的肉。

我觉得我们所聊的如何躲避喝伏特加的话题似乎达不到剑桥大学传统的学术标准,但是对我来说,能跟凯斯学院的院长同桌进餐,跟21世纪早期的一位地位相当于布兰斯维特的人在一起,还是很让我激动的。400年后,在凯斯学院用餐,遥想此地当年的情景,不觉让人感慨万千。

我仅仅因为到过这里,就觉得自己是亲历了剑桥历史的一部分,我想,史蒂芬肯定很享受这样一个事实:通过他的发现,他为剑桥的历史做出了自己的贡献。在凯斯学院,我感觉自己就像在另一个星球上,但是史蒂芬则感觉很自在、满足且快乐。在他尚能自主行动,还不需要轮椅的时候就开始在这里生活和工作了。他一直都很喜欢剑桥,剑桥的物理学家们也很喜欢他。他本可以离开这所学校,去加州理工学院或其他任何一所顶尖大学找一份薪水比这里高得多的教职,但在这里,他感觉就像在自己家里。我们去吃饭的路上,他似乎仍心神不定,脸色苍白。但是我看到,他一旦到了餐厅,进了这个挂满了肖像,充满了剑桥传统的地方,他就放松了下来。

进了品酒室,史蒂芬喝了一点葡萄酒,但只是呷了几口。虽然吃饭时他一直很沉默,但现在他开始说话了。他在电脑上打出了一些字,然后面带微笑,用他的电脑声音为我播放。他的信息是"我再也不结婚了。"

"离婚总是对方的错。"我说。他笑了。

当史蒂芬爱上伊莱恩时，他觉得在她身上找到了那个喜欢生活情趣的自己。无论他做什么或是去哪里，他知道她很高兴和他在一起，反之亦然。那时他们对对方都充满了激情，虽然他被困在一个无法活动的身体里，但他的精神沐浴在他们对彼此的爱恋中，自由飞翔。

现在他要独自面对未来了。如果他能幸运地活到高龄，他将不得不在没有她的情况下孤零零地老去。但是坐在那张大桌子旁，在那个充满了传统和历史感的地方，史蒂芬得到了慰藉。就像一个知道自己的命运掌握在上帝手中的宗教信徒一样，史蒂芬总是因为知道自己在宇宙大设计中的位置、知道人类在自然和整个宇宙的设计中的位置而感到欣慰。现在我注意到，他也因为自己进入了他所在的大学的悠久传统而感到欣慰。这是一个新的视角。这似乎帮助他接受了不得不放开手，让伊莱恩离开的事实。他知道他们共同的生活已经成为过去，正如他知道过不了多少年他自己的生活也将成为过去，他将加入其他逝去的先贤的行列，通过他不朽的思想和挂在墙上的肖像继续活在他人的心中。

• • •

时间回到2004年。史蒂芬认为自己已经解决了他对黑洞信息悖论打赌所提出的问题，他选择在第十七届广义相对论和引力国际会议上展示他的观点。虽然他花了7年时间才得出结论，但他并不是去大会宣布胜利的，而是要去那里认输。他又一次判断自己在一件重要的事情上错了，并且改变了自己的立场。

会议在皇家都柏林学会的大音乐厅举行。这次学术会议很像费曼参加并嘲笑过的1962年的华沙会议。然而，现在，大约42年后，广义相对论和引力会议吸引的不是"一群傻子"，而是最优秀和最聪明的人。这在很大程度上要归功于史蒂芬在20世纪六七十年代的研究。

尽管史蒂芬参与建立了这个领域，但正如一位博客作者所写的，在这次会议上，人们心里"好奇并怀疑着"，想知道史蒂芬会说些什么。由于史蒂芬此时已声誉卓著，这次会议不会再出现他年轻时遇到的情形：在宣布发现了霍金辐射之后，像是掉进了满是食人鱼的水箱。不过，用一位与会者的话来说，听众中没有一位物理学家"似乎相信霍金能突然对这个几十年来人们从多个角度研究了无数次的问题提出什么新的见解。原因之一是霍金最好的研究成果是在近30年前做出的。"

然而媒体并不是这个态度。会议的新闻采访证非常受欢迎。过去，该会议的主办方会劝说一部分记者来参加会议，然而这一次，主办方却不鼓励他们参加了，即使想参加，也需要先申请，看能否从总数不多的采访证中得到一份。此外，会议组织者还花了近1万美元聘请了一家公司派人将一些不请自来的不速之客拒之门外。

史蒂芬的研究总是非常复杂，而且专业性很强，即使是对理论物理学家而言也是如此。托德·布朗（Todd Brun）是我的一个合作者，他在加州理工学院师从默里·盖尔曼获得了博士学位，他跟我说过，读博士的时候他上过约翰·普莱斯基尔有关引力的高级课程。这门课的前半部分是广义相对论。通过学习这部分知识，学生们能够对这个庞大的学科体系有一个基本的了解。到了第三部分，这门课专注于一个主题：史蒂芬·霍金有关霍金辐射的计算。在我看来，史蒂芬甚至连一个方程式都无法写出来，却能推导出一个理论，而这个理论会让博士生花上四分之一的课程时间学习掌握，这一事实就像霍金辐射理论本身一样令人震惊。

史蒂芬对于黑洞信息丢失的研究被证明是复杂和富有创造性的，就像他早先在黑洞辐射方面的研究一样。物理学家通常通过分析所谓的"散射实验"的结果来研究基本粒子。在这些实验中，研究者将两个粒子或两个粒子束对撞。当它们碰撞时，会发生非常复杂的相互作用，这些相互作用太过复杂，此处就不详细解释了。幸运的是，只要记录下你是将什么发送到了碰撞区域，以及碰撞结束后又有什么东西出现了，就可以检验有关基本粒子的理论。做这些分析是基本粒子物理学家的谋生之道。史蒂芬将这种方法应用于黑洞研究，就像在他的博士论文中，为了同样的目的借用了彭罗斯研究大爆炸的技术一样。

为了研究信息丢失的问题，史蒂芬设想用一种特殊的方式将大量的粒子相向发射出去，当它们相遇时，会有足够的物质和能量聚集起来形成黑洞。然后，他审视了在所有粒子相互作用发生后，根据现有的理论推导，会出现什么。在都柏林的演讲中，他说，"一个人从无限远处（或可理解为极其遥远）发射粒子和辐射，并测量从无穷远返回来的粒子。他从不探测中间的强场区（即复杂的相互作用发生的区域）。"

虽然概念很简单，但分析起来却异常复杂。为了达到这个目的，史蒂芬使用了费曼的方法，即历史总和法（路径积分法）。这里跟大家说一下，费曼的方法要求我们把获得测量结果所可能发生的过程中的每一种可能的方式的贡献加起来，也就是说，把我们正在研究的粒子系统所有可能的"历史"加在一起。在追踪他所考察的碰撞过程的可能演化过程时，史蒂芬说，尽管绝大多数可能的历史都包含有黑洞的形成，但在少数历史中没有。史蒂芬说他忽然有了一个顿悟："我将证明，这种可能性使信息得以保存下来。"

在那些黑洞没有形成的历史中，显然也就没有黑洞造成的信息丢失。他所做的演讲的大部分都是在证明，当你把所有的历史都加在一起，由于包含了导致了信息没有丢失的历史子集，因此整体的信息就可以恢复——信息通过没有黑洞形成的历史溜了出来。但是这种简单的逻辑推理背后隐藏着大量可怕的数学运算——而史蒂芬得出结论所用的计算方法也有点神秘。首先，它依赖于几个可能会被人质疑的近似值，这是一些大幅度的简化，而史蒂芬为了能够完成相关的数学运算，不得不做这些简化。他在演讲中介绍了这些内容，并承诺在稍后发表的论文中，将有详细的内容。

在描述了自己的想法之后，史蒂芬承认自己先前赌输了。他宣称他以前错了，实际的情形是，没有信息丢失，所以说幺正性——而且因此整个量子理论——仍然是有效的。他向约翰·普莱斯基尔支付了赌注，那是一本百科全书，"你可以从书中随意恢复所需的信息"。

史蒂芬的讲话结束后，基普拒绝接受史蒂芬的意见并承认自己错了。此前他一直支持史蒂芬的观点，认为信息的确在黑洞中丢失了。他说："从表面上看，这个论点很讨喜，但是我还没有看到详细的论证。"

约翰·普莱斯基尔接受了史蒂芬的认输以及那本百科全书，但他也不相信史蒂芬的论点。他说："我必须实话实说。我没听懂他的讲话。"他说，为了让自己信服，他也需要看到更详细的论证。

他们的反应在与会人员中很典型。不管是赞成史蒂芬还是反对他的人，大家都在等待细节。要是搁在以前，史蒂芬或许能提供这些细节，但是现在的史蒂芬，这个认为自己的生命已经没有足够时间来做严谨的论证的史蒂芬，实际上还没有详细的论证。最初，在他有了自己的想法之后，他就指派一名研究生在他的指导下去完成所需的艰苦计算。不幸的是，直到在会议上发表演讲，那个学生还没有完成相关的工作。"这个学生的能力不是特别强。"基普说。

但是史蒂芬判断，他们的计算已经达到了所需的程度，他有信心最终会成功，于是就报名在都柏林会议上发言。但是，证明这一理论真的能成立的工作一直都没有完成，而史蒂芬对答案深信不疑，不打算再花上自己余生有限的时间对其进行修正了。于是，他在都柏林的会议上含糊的阐述，以及此后他发表的会议论文中对此观点的描述，就是他对这个理论的全部看法。

史蒂芬的讲话以及他打赌认输的消息成了世界各地的报纸头条新闻，但那只是媒体的炒作，不免有些不得要领，没有涉及他讲话的实质。到他发表演讲时，几乎所有的物理学家都已经开始相信黑洞中的信息并没有丢失，只不过，包括史蒂芬在内，任何人都无法证明这一点。而那些没有得出这个结论的人，也没有因为史蒂芬的演讲而改变自己的想法。

在这一事件中，我注意到了标签的力量，这使我倍感惊奇。在史蒂芬成名之前，陌生人有时会根据他的外表给他贴上身体和精神上有缺陷的标签，并把目光从他身上移开。然而，一旦他被宣传为当代的爱因斯坦，不论他发表什么看法，媒体都会铺天盖地加以报道。如果在这次都柏林会议上提出相同观点的主讲人不那么有名，那么这样的观点就会成为物理学家围绕这个话题抛出的各种想法的一个很好的补充，但它不会在任何报纸上占据一席之地。不过，既然提出者是史蒂芬，这个话题立即就受到了媒体的关注。

对史蒂芬本人来说，他改变自己的观点是一个重大的时刻，甚至是一个欢乐的时刻。对大多数人来说，证明自己错了绝不会成为开香槟庆祝的理由，但是，就像最终理解了霍金辐射的雅可夫·泽尔多维奇一样，史蒂芬的最终兴趣总是在真理上，他会因为自己搞明白了一些他以前没有理解的东西、一些对物理学非常重要的东西而感到高兴。

时至今日，在都柏林会议结束15年后，在史蒂芬发现霍金辐射40多年后，原本就支持信息会丢失的少数人变得更少了。事实上，所有物理学家都相信，正如史蒂芬所说的："如果你跳进黑洞，你的质量能量会以某种形式返回到我们的宇宙中。"这种质量的形式虽然是扭曲的，但"包含了关于你曾是怎样的信息"。

但是，尽管我们认为信息没有丢失，仍然没有确定的解释，告诉我们到底发生了什么。除了史蒂芬提出的场景之外，还出现了很多的理论，以至于物理学家在写有关的综述的时候都不再列出单个的理论，而是列出不同类别的理论，每个类别都包含许多变体。史蒂芬本人在接受了大多数人的观点，做出转变之后，也一直坚持这样的观点，不过他的想法不一定跟他最初的论点完全一致。此后他继续进行研究，寻找能够得出那种结论的新的、替代的理由。他断断续续地进行研究，直到离世，而这个话题也成为他最后一篇物理论文的主题，在他死后于2018年发表。[2]

2　Haco, S., Hawking, S. W., Perry, M. J., et al. Black hole entropy and soft hair（黑洞熵与软毛）. *Journal of High Energy Physics*,（2018）2018198:98.

11

时间到了 2010 年春天。从我们开始策划《大设计》到现在已经有 5 个年头了，从我们开始写它到现在也已经有 4 年了。此刻，我走上剑桥大学应用数学和理论物理系的楼梯，转向史蒂芬的办公室 —— 过去几年里我曾多次这样做，过去一周的每一天都这么做。但这一次跟以前的都不一样。这一天是我们要完成这本书的日子。

在我们一个接一个地错过最后期限后，班坦图书公司的大佬们似乎终于失去了耐心。事先没有和我们商量，他们就安排好了这本书的发行时间，并把它放到了销售目录中。这有点像我儿子尼科莱来到世上的经历。他似乎在妈妈的子宫里过得很好，而且在预产期过了很久之后也不准备出来。终于，医生下定决心，安排了剖腹产手术，把他拽了出来。对于我们的书，班坦图书公司也安排了这样的"剖腹产"。我们原本承诺在一年半内写完这本书，而现在已经过去 4 年了。拖这么久，就连一向做事大大咧咧的美国佬都忍无可忍了。

我能理解班坦图书公司的想法。如果我们的手稿是一个婴儿，它将很快就要开始上幼儿园。人从小到大渐渐成熟是生命奇迹的一部分，但写书的时候却不让人感到有这样的奇迹。我们的手稿成熟了吗？它完全长成了吗？我是这么想的，而且旁人往往批评我是个完美主义者。但史蒂芬还在修修补补。他比我更加追求完美。与此同时，新书的发行日期和相关活动都已经安排好了，市场营销和公关活动也安排了。销售代表们大张旗鼓地宣传这本书，书店也纷纷下了订单。事情正在发生，几乎无可逆转。班坦图书公司告诉我们，而且这一次的话风一点都不婉转——说这一次我们必须兑现承诺，否则……

否则会怎样？我不知道。我们快完成了，但是从史蒂芬身上，我没看到出版社给我们的最后期限对他有什么影响。他似乎对出版社所说的"否则如何如何"完全无动于衷。在他的医生、他的身体以及他的妻子那里，他有过很多次这样的经历。在他与伊莱恩分手后不久，有一次媒体警告说，伦敦一家著名的夜总会"老虎老虎"（Tiger Tiger）收到了炸弹恐吓。恐怖组织警告人们要想好好活下去就远离这里。史蒂芬却偏偏去了那里，而且和酒吧里的一个女子有说有笑。他不是那种随随便便就能给吓唬住的人。所以，他有一次说，即使我们要花10年时间才能把这本书写好他也在所不惜，我是完全相信他会说到做到的。而每当我想起他的那通说法，我都会紧张得胃部痉挛。

史蒂芬的办公室关着门，于是我走进朱迪思的办公室。

"列纳德！"她大叫了一声，"今天对你来说是个大日子！"

她从我的反应可以看出来，我并不期待这一天的到来。

"好啦，别泄气。你们已经很接近目标啦！你们会成功的。你们差不多马上就成功了。"

"那你今天你能帮我个忙吗，把不速之客都拒之门外？一个都别让溜进来。"

"我会保卫好这座堡垒的！"她说，"但是当然啦，如果史蒂芬招呼谁进去，那我可阻止不了。"

"你自有办法的。"我说。

朱迪思喜欢听我这么说。她为自己在这里能指挥若定而感到骄傲。

几分钟后，史蒂芬的护理人员凯西从里面推开了门。"列纳德，"她说，"他准备好了。"

我最初跟史蒂芬建议说，我们可以一起写第二本书的时候，我考虑的是要依据他当时的研究来写，那是他在2003年提出的理论，称为"自上而下的宇宙学"。[1] 在打好几个章节的基础之后，我们在《大设计》的第六章解释了这个理论的关键内容，这一章的题目是"选择（我们的）宇宙"。这是书中最难的一章。这不是最后一章——按照计划，接下来还有两章。但直到这一天，即最终截稿的最后一天的早上，我们仍在努力撰写第六章。

"自上而下的宇宙学"是史蒂芬在1980年关于宇宙无边界假设中的研究的延伸。两者的目的都是从量子理论的角度来检视宇宙的演化。这两个理论，就像他在黑洞信息丢失问题上的研究一样，需要使用费曼的路径积分来计算量子理论预测的结果。

1　见史蒂芬·霍金，"自上而下的宇宙学"（"Cosmology from the Top Down"）. *The Davis Meeting on Cosmic Inflation,* March 22–25, 2003.

我前面说过，所谓的"路径积分"，即"历史总和"，通常应用于基本粒子物理学，其中"历史"（history）一词指的是粒子穿过空间的路径。[2]在更传统的计算中，你需要考虑的是粒子所有可能的轨迹，而在他的计算中，史蒂芬不得不考虑宇宙的所有可能的历史（路径）。换句话说，为了计算宇宙现在具有这种或那种特性的概率，他必须把宇宙演化的所有可能方式的贡献都加起来。这是一种不同寻常的方法，与费曼最初的设想大相径庭。

如果有人能够计算得出来，原则上讲，费曼的方法会为任何关于宇宙的观察提供帮助。但像往常一样，这种计算是根本无法实现的。为了更易于操作，史蒂芬考虑的是一个高度简化的宇宙模型，只考虑了宇宙的总体结构。这么做是有道理的，因为他对预测地球上或宇宙中任何地方的单个原子和分子不感兴趣，而只对宇宙的大尺度属性感兴趣。

这一研究采用的是"自上而下"的模式，因为在普通的宇宙学中，物理学家先假设宇宙有某种起源，然后计算宇宙是如何从那一点开始向前发展的。史蒂芬将那种研究称为"自下而上法"。他不喜欢那种方法，因为在他关于宇宙无边界假设的早期研究中，他得出的结论是，宇宙没有一个明确的起源。

这一结论反映了量子理论中最著名、最奇怪的一个方面：一般而言，物体没有确定的属性，只有概率性的属性。例如，在某些指定的"零时刻"，量子版本的你有50％的机会在你家楼下的厨房里，有50％的机会在楼上的浴室里。我们

---

2 从理论上讲，在量子场论中，路径积分是场位形的总和。

这些物理学家会说，你的"初始条件"既不在厨房里，也不在浴室里，而是这两种状态的"叠加"。根据量子理论的数学计算，你以后在房子里其他地方的概率，将受到初始叠加状态的两种状态的影响。同样地，史蒂芬认为，量子宇宙的初始状态是不同可能性的叠加，为了理解我们的现在，我们必须把所有的可能性都考虑进去。在史蒂芬看来，这使得自下而上的方法站不住脚。

史蒂芬认为，应该采用费曼的方法来涵盖宇宙所有可能的起源。这意味着进入费曼积分的历史只取决于宇宙目前的状态。正如史蒂芬喜欢说的，这意味着现在决定了过去，而不是过去决定了现在。正因如此，他称自己的分析为"自上而下"而不是"自下而上"的。

即使进行了简化，史蒂芬也无法解出他的分析所推导出的方程。但是他能够确定这一方程的解可能具有的一些属性，并从他的模型中推导出一些意义。他对自己发现的很多东西感到着迷。如果他的观点是正确的，那就意味着有无数个宇宙，即多重宇宙，它们从无到有自发地出现，其未来各不相同。这些宇宙的集合相当于费曼理论中粒子的不同路径的集合。在任何特定的宇宙中观察到的自然法则将取决于该宇宙的历史。不同的宇宙中会有各种可能的定律，在某些宇宙中，质子的质量可能相当于一块砖，或者是引力可以大到典型的恒星只需短短的一年就会燃烧殆尽。

根据史蒂芬理论所做的数学计算表明，在早期阶段，大多数宇宙会扩张，但扩张只会持续很短的时间。在那之后，那些宇宙会坍塌变成最初的高度致密的球体。在那些宇宙中，没有足够的时间来形成星系和恒星。但在有些宇宙中，有恰当的物理定律，会变得足够大，不至于坍塌。

在这些宇宙中，有一些可能允许生命存在，而在后面这些允许生命存在的宇宙中，有一些可能真的就存在生命。在那些宇宙中出现的生物，如果它们足够聪明，能够破译自然法则，就会发现这些法则有一种非常特殊的形式，正因具有这样的形式，才允许它们的存在。我们就是那种特殊类型的生物，处在那种特殊类型的宇宙当中。这就是我们在《大设计》中讨论的基本内容。

在史蒂芬的职业生涯中，他做出了许多与大爆炸奇点、黑洞物理定律和黑洞蒸发（其中，黑洞蒸发引发了信息丢失问题）有关的发现，无边界理论和自上而下宇宙学是他最后的重大创想。这些想法也是他提出的影响力最小的观点。一些同事对他所做的假设持怀疑态度，这种情况在物理前沿工作中非常常见。有些人对他的数学计算只是反映了某种近似的情况表示怀疑，有些人不理解他的理论，也有些人觉得其他理论更有说服力。

直到今天，他提出的这两种观点仍没有定论。史蒂芬提出，对宇宙微波背景辐射的分析可能会提供支持性证据，但这样的分析将依赖于目前尚不存在的技术。因此，像现代宇宙学中的大多数理论一样，宇宙无边界假设和自上而下宇宙论在数学上很有趣，但很难验证。

• • •

大多数时候，当史蒂芬在上午很晚的时候到达办公室之后，他会回复几封电子邮件，阅读ArXiv.org网站上发表的任何他感兴趣的文章。那个网站是物理学、天文学和数学论文的宝库，这些领域的科学家通常会在将研究成果投稿给学术刊物的同时，将其预发表在该网站上。一篇文章从投稿到最终在期刊上发表可能需要几个月的时间，而阅读ArXiv上的预发表文章可以让你提前预览一下同行的成果；另一方面，ArXiv不会对文章进行编辑，只是进行粗略的过滤。你在那里找到的文章可能还需要修改，甚至可能并不值得发表。对此，读者有责任谨慎做出判断，但史蒂芬几乎每天都要查阅这上面的文章。

然而，在写作计划中的最后一天，史蒂芬牺牲了午餐前的这段安静时间跟我一起工作，所以，我们比平时开工要早。临近中午的时候，我意识到我们很快就要到休息时间了，这段时间有一个半小时，所以我想抓紧时间结束我们关于第六章的讨论。午饭后我想转而讨论其他问题。如果我们不这样做，我担心"选择宇宙"这一章会吞噬我们这天下午的整个宇宙。

那天是星期五，我们的正式截稿日期是晚上8点，是剑桥这边的时间，这相当于纽约时间下午3点。我很庆幸最后期限不是更早一点，但是定在3点钟似乎是一个奇怪的选择。我脑子里想象的是一个老式的编辑部，就像你在电影中看到的那样，一大群班坦图书公司的员工等着我们，"守着印刷机"，直到最后一刻，收到我们的电子稿，他们会立即印上100万份，再把印出来的书匆匆送到书报摊上。当然实际的情形并非如此，但是我却乐于如此想象。

我们的编辑贝丝·拉什鲍姆（Beth Rashbaum）在最后一次会议上要求我们解决的问题中，有一条是要我们给费曼的介绍加一句话。对于我们而言，她的角色相当于彼得·古扎尔迪，对于我们找到一种非科学家的写作视角给予了很大的帮助。由于史蒂芬和我都认识费曼，而且他在书中很重要，她觉得我们第一次提到费曼时，应该对他稍作介绍。我跟史蒂芬提了一些建议，比如可以说一说费曼在物理学的许多领域都有着广泛而深刻的影响——费曼对整个物理学都充满了热爱，而不仅仅是对前沿领域感兴趣，这一点让像史蒂芬那样有才能的人也非常佩服。

史蒂芬给了一个"不"的表情，并开始输入他自己对费曼的描述。"咱们这么描述他吧：他是个妙趣横生的人，喜欢在加州理工学院附近的一家脱衣舞夜总会演奏手鼓。"当电脑读出他写的这句话时，他笑了。

我不得不承认，他三言两语就把费曼写活了。这句介绍不落俗套，但简短、优美、真实，是典型的史蒂芬的"佳酿"。我想，这段话甚至可以写成俳句：

费曼妙趣横生，
喜欢去脱衣舞店
演奏手鼓。

《大设计》这本书包含了大量关于费曼物理学方法的信息，其中的大部分对一般读者来说很有挑战性，所以我们觉得有必要先把费曼的人物形象塑造好，在人们接触到这些困难的东西之前，先让他们对费曼这个人感兴趣。"好，"我说，"那咱就用这段话吧。"于是我们就这样做了，只是稍稍做了一点编辑。

就在这时，一位30多岁、高大结实的妇女走了进来。她叫戴安娜，以前是史蒂芬的护理员。她是那天唯一一个越过朱迪思防线的人。她手里拿着一本书，是她近来一直在给史蒂芬读的狄更斯的《双城记》。我想，这本书选得很合适，因为对史蒂芬来说，"最好的时代"和"最坏的时代"似乎都离他不远。史蒂芬一直很喜欢读书，可以说他是在书的陪伴下长大的，书散落在他家的各个角落，也塞满了各个角落的书架。即使他请朋友来家里吃饭，他的父母坐在桌边的时候也会边吃边读。父母的榜样深深影响了史蒂芬。戴安娜说："如果你不介意的话，我想在午餐时给史蒂芬读会儿书。"她能问一下我的意见，这让我很高兴，但其实我说什么都不重要。史蒂芬的表情表明他很欢迎她来。当然我也毫不介意，因为在他吃饭的时候和他交流是很困难的。

戴安娜经常读书给史蒂芬听，有时一次会读上几个小时。他特别喜欢古典文学。几年后，他的健康状况开始恶化，到了选择下一本书的时候，有人建议史蒂芬选短一点的书。结果，史蒂芬选择了《战争与和平》。

戴安娜一来，我想再工作一会儿并推迟午饭时间的希望破灭了。凯西推着史蒂芬离开办公桌，然后我们四个人离开了他的办公室，穿过大厅，穿过一道连廊来到了旁边的楼里，那里是自助餐厅。我们进去之前，凯西给戴安娜使了个眼色。起初我没搞懂这是什么意思，但稍后就明白了。黛安娜负责照料史蒂芬，推着轮椅进了自助餐厅。凯西则留在外面，从包里掏出一盒烟。

我留了下来，也跟她要了一根烟。我们俩都点上了。不巧，我们站在一个写着"禁止吸烟"的牌子旁边，但我们此刻是在餐厅门外，所以，我想，"去他的什么牌子吧"。

"我讨厌香烟。"我说。

"谁不讨厌呢？"凯西同意道，同时深吸了一口。

"我是说真的，"我说，"在和史蒂芬开始写这本书之前，我从来没有抽过烟。"

"在发生某事以前我也从来没有抽过烟。"她说。我看着她，拿不准她这话是什么意思。她又吸了一口，耸耸肩。"不止你一个人有这种变化，"她告诉我，"史蒂芬就是能对人产生这种影响。"

我们默默地抽了几分钟烟。然后她说："咱们最好去救救戴安娜。"

"戴安娜需要被救吗？"我问。

"事实上，她会很高兴能和史蒂芬单独相处一段时间，"她说，"人们很少能和史蒂芬单独待一会儿。他挺喜欢戴安娜的。有些护理员会对此感到嫉妒，但我没觉得。他很孤独。人们认为他只需要物理学就够了，但那都是胡扯。他很幸运能有她在身边。"

我也感觉到了。我觉得史蒂芬和伊莱恩分手后有些不太一样了。当初他和简分手，原因是他们渐渐疏远了，她爱上了另外一个人，而史蒂芬则遇到了伊莱恩。他们曾试图组成一个笨拙的四人之家，但是，从婚姻关系看他们各有各的配偶，但是内心里却是爱另外的人，这种组合注定无法成功，于是他们离婚了，就像一个分子因为自身结构的其中一个键比较弱，分裂成了两半。但是，史蒂芬和伊莱恩的分手则完全是另外一番情形。和伊莱恩分手后，史蒂芬没有任何伴侣。他变成了一个单一的原子，游离在孤独的真空之中。

俗话说，"水啊水，到处都是水，但没有一滴可以喝进嘴。"这话精确地描述了史蒂芬和伊莱恩分手后的情况。他有多名护理人员，这些人无处不在，此外还有同事、粉丝和媒体，但他们无法给他提供亲密感。他最好的朋友基普和罗伯特不在英国。他也不能像普通人那样，给朋友打电话长谈。这使得史蒂芬没有任何人可以与之分享他的生活，没有人可以倾诉，没有人可以日日夜夜不间断地陪在他身边。在我看来，一个人一旦出了名，就很难找到新的可靠的关系，但处他的情况下，肯定感觉更加凄凉。他仍然不时地见到伊莱恩，甚至一起度过几次假。有传言说他们谈过复合的事，但后来他喜欢上了戴安娜。

和伊莱恩一样，戴安娜一开始是他的护理员之一。后来她找了另一份工作，但薪水不高，所以他让她搬到他的住处，住在楼上的一间卧室里。他们都热爱文学和音乐。他挑什么她就给他读什么，她钢琴弹得也很不错。他给她买了一架钢琴，她则以长时间的独奏来回报他。

我们走进自助餐厅时，看见戴安娜和史蒂芬在餐厅的尽头，在摆放食物桌子的另一头。这个地方很大，窗户挺多，是那种窄窄的长窗户。楼层也挺高，天花板向上拱起来，拱顶大约有6米高。我感觉这里像是"进取号"星际飞船的餐厅，或者是罗马战舰上的餐厅。我挑了一个三明治。凯西打开给史蒂芬带来的食物，此时戴安娜在给他读书。

史蒂芬的几个孩子都不喜欢戴安娜。她比史蒂芬小39岁，患有躁狂抑郁症。可是，史蒂芬似乎并不在意，也许是他已经习惯了。以前谈到伊莱恩，他曾经说过："她这个人活得乱七八糟的。但是也轮到我帮一下别人了。在我成年后，人们一直在帮助我。"他喜欢情绪不稳定的女人吗？我不确定。我觉得戴安娜很聪明，喜欢文学，读书很多。跟她聊天很愉快，而且我总能从她那里学到新东西。但前提是，她得好好服药。

有人怀疑戴安娜是惦记史蒂芬的钱。但是我觉得，如果人们认为史蒂芬能给他人的只有钱，这种看法很可悲。我知道人们这样想是有原因的，就像有些人质疑伊莱恩对史蒂芬的爱也事出有因一样。从身体状况来说，史蒂芬对异性不太有吸引力。但是，身体的欲望可以产生爱，或者反过来，它也可以是爱的结果。也许，戴安娜和史蒂芬之间就发生了后一种情况。一些人表示怀疑。一个人会爱上一个不会动也不会说话的人吗？这种爱会如何发展？

在我看来，戴安娜似乎在史蒂芬身上找到了一种很深的情感联系，不是与他的身体，而是与他的灵魂。"他是世界上表情最丰富的人，"她有一次对我说，"一会儿眉毛动一下，一会儿嘴巴抽动一下 —— 我很了解他，所以我能理解他的想法。我可以写一整本书来说明如何与史蒂芬交流。"

戴安娜说这话的时候，我能感觉到她声音里充溢着满满的爱意。还有一次，她告诉我，她希望能和他换一下。她希望她能把自己的健康作为礼物送给他，让四肢瘫痪的那个人变成自己，而不是他。她说这话时眼里含着泪，我相信她是真诚的。不然我就是个容易上当的傻瓜。也许史蒂芬也是，就和几十年前费曼在华沙会议上鄙视的那些研究引力的人一样。也许你首先得是个傻瓜，才会去关心像宇宙起源这样遥远的事情，或者和一个为你付出一切的精神不稳定的女人产生感情。

・・・

午饭后，我们回到史蒂芬的办公室，写作进展缓慢。史蒂芬在书稿上做了无数的小改动，这让写书的工作变得非常累人。有些改动与插图有关。书中的插图是我聘请的"未来主义"数字艺术家彼得·博林格（Peter Bollinger）负责的。史蒂芬和我都认为他做得很出色。但现在，史蒂芬要求改变一些插图的颜色，另外要修改几幅插图的文字说明。

依我看，这些修改并没有明显改善书的质量，当然，也没有造成任何不好的影响。这些修改只是修改而已。在大多数情况下，我都不去跟他争论，我也不介意做这些修改。另一方面，我担心我们是在"渐近地"无限接近终点，却永远无法达到，至少在有限的时间内无法达到。如果你每一秒都朝向终点跑完总路程一半的距离，那么你就是在"渐近地"接近终点。在数学世界里，这种情形是个有趣的悖论，但是涉及写书和出版，出现这种情况可是大为不妙。

这并不是说，我认为这本书已经很完美了。这本书反映了我们的思想和想法，当然也留下了可供讨论的余地。特别是，有一个不可避免的事实，即我们所写的理论仍处于发展阶段。这意味着这个理论的某些方面连史蒂芬都不理解。有一次，我开车去加州大学圣巴巴拉分校，去找经常跟史蒂芬合作的吉姆·哈特尔澄清一些观点，哈特尔与史蒂芬一起研究自上而下的宇宙学。他等于是给我个人开了一个关于他们的研究的小型研讨会，然后我根据讨论的问题写出相应的篇章。等我下一次到了剑桥，史蒂芬告诉我，我写的东西是错误的。我确信我听懂了吉姆讲的内容，所以我坚持己见。我开始向史蒂芬解释我的理由，但他做了个鬼脸，开始输入他的回应。"吉姆告诉你的是我们当时的想法，"他说，"在那之后，我们已经意识到我们错了。"

午餐似乎给史蒂芬带来了活力，整个下午我们都在不断地修改，偶尔会有一段喝茶、吃维生素、吃香蕉泥的休息时间，史蒂芬也会"到沙发上"。时间到了下午5点。我提醒了一下他现在的时间。史蒂芬皱起了眉头，看来他不想讨论这件事。6点钟到了，然后是7点钟。就像过去4年一样，我们慢慢地、稳定地工作着，好像这一天以及接下来的一个小时都没什么特别的。

到了7点45分，我放弃了，起身出去，走进了隔壁朱迪思的办公室。她好像在帮史蒂芬处理一些财务文件。那也是她的职责之一。她甚至会帮助他谈合同以及管理投资。我之所以知道这些，是因为她有时会向我征求意见。

朱迪思把文件推到一边，并很有策略地在上面放了一个文件夹，不让我看到文件的内容。她这么做有她的道理，但实际上无所谓。史蒂芬几乎没有什么隐私，同时却有很多护理员和其他助手，他们既好奇又健谈。如此过了4年，我发现我对他的财务状况比对我自己的更加了解。其实我对我俩的财务状况都不太在意，就我自己而言，只要我不破产就行。

"列纳德！"朱迪思热情地跟我打招呼。但是她旋即就注意到了我的表情，意识到自己的热情用错了地方。"不顺利吗？"她问道。

"猜得很对。"我说。

我看起来一定有些焦躁不安，就像她在斐济通过艺术疗法接触的那个病人谈到他的父亲时那样。我在前面提起过，那个病人在精神病发作的时候砍下了他父亲的头。

"对不起，"朱迪思说，"我知道最后期限非常的重要。我真的以为你俩能完工的。"

我肯定又做了个鬼脸，而且肯定不好看。我让她帮我延长在凯斯学院的订房时间，并推迟我的航班。我心里默默地考虑着，如果我不能按计划回家，就不得不重新安排一大堆事情。我思考着班坦图书公司会作何反应。对于即将到来的对抗局面，我不敢想如何去应对。我本来计划第二天下午，也就是周六离开。我原以为到那时我们肯定就结束了，但现在我所想的是，我怎么会如此愚蠢地乐观。随后，我走出她的办公室，回到史蒂芬那里。

进去的时候，史蒂芬提出了一个关于插画的新问题。其中一个插图是一幅三联画，用来描述弦理论/ M理论中的一个想法。这幅三联画每幅展示的是一种看起来很有未来感的粉色和蓝色饮料，杯子里插着吸管。左边图显示的是近景，中间那张稍远，最右边的距离最远。在最右边的图中，吸管看起来成了一根线，而不是其他图上的空心圆柱体。其中蕴含的意思是，像吸管这样的高维物体也可以呈现为一维的。从远处看上去，它就成了一条线。

史蒂芬似乎对这幅插图不太满意。我试着用"问题包围法"，提出20个问题来猜测他究竟想说什么，但没有成功。他打断了我，开始打字。此时时间到了7∶59。我心里想，我挺喜欢这幅三联画的，它用一种简单的方式展示了一个重要的理论观点。我想不出他会对画的哪一方面不满意。最后他终于打完了字，他的电脑读出了他的抱怨。他说："最右边图中的吸管太长了。”

我当时真想点根烟抽一口，而且有种欲哭无泪的感觉。我在史蒂芬的桌子上翻找了一下，想找到他说的那张插图，但到处都找不到。他一定是凭记忆说的。最后我从自己的公文包里找到了他说的插图的样张。他说对了。如果仔细看一下最右边的那幅图，比较一下吸管的长度和玻璃杯的高度，就会意识到，吸管长得有些不切实际。这幅插图我看过不知多少遍，都没注意到这一点。就在那一刻，我真的是讨厌死史蒂芬了。他到底是怎么回事？谁能有他那样的大脑？

我深吸了一口气，尽力让自己平静下来。我在插图上写了个批注，告诉插画家吸管的问题。我对史蒂芬说：“好了。下一个问题是什么？”我努力使自己的声音听起来不那么紧张。他皱起了眉头。他为什么要皱眉头？我完全想不明白。他开始打字了。

“现在是8点整，”他说，“咱们完工了。”

我没想到会是这样的结果。我嘴里咕咕哝哝说了些什么，就连我自己也不知道到底说的是什么。但我记得史蒂芬的回答。

“我需要一个严格的最后期限，”他说，“否则我永远都无法完成。”

说罢，他脸上露出了灿烂的笑容。我盯着他。我想我应该有所回应，但当时我不知道说什么好。他继续打字。

“这本书很好，”他说，“谢谢你和我一起写完它。现在，咱们去共进晚餐吧。”

在史蒂芬家里，有的菜还在炖着。当护理员忙着准备晚餐时，戴安娜坐到钢琴前，弹奏起一首古典乐曲。史蒂芬坐在旁边，专心倾听，可我没听出来是哪首曲子。我走到酒柜

223

前，从里面拿出了一瓶还没开的干邑。酒柜里的烈性酒很少，而且我此前从没见过史蒂芬喝烈性酒。但是里面有一瓶干邑。我猜这瓶酒也是别人送的礼物。

我不想打断史蒂芬，问我能不能打开，于是就自作主张，动手开了。我从餐桌上拿了一只酒杯，给自己倒了一点，就像人们通常倒干邑的量。转念一想，还是跟着感觉走吧。我手里的是一个葡萄酒杯，干脆像倒葡萄酒一样多倒一些吧。我没问史蒂芬要不要。我知道他不想喝烈性酒，就像我知道此刻我想喝一样。然后我搬了把椅子过来，和他一起坐在钢琴旁边。

戴安娜是在用灵魂演奏。她的弹奏时而温柔，时而激越，甚至时而充满愤怒。她特别善于把音乐中的愤怒的情感宣泄出来。有一次她弹错了一个音符。"我宁愿听你的偶尔出错的演奏，也不愿听收音机里完美的音乐。"史蒂芬听到后对她说。他的意思可能是，他更喜欢现场的演奏，而不是高级音响里发出的声音。但我想，他这话应该另有深意。我觉得这更像是爱情的表白。史蒂芬爱简，也爱伊莱恩。虽然他在物理学方面见解深刻，洞察秋毫，但他可能不知道那些爱最终都发生了什么，去了哪里。那些爱还在吗？还是已经像雾气一样消散了？思考这些问题可能会让一个人变得愤世嫉俗，但史蒂芬似乎没有。他似乎第三次坠入了爱河。

再看一下戴安娜注视史蒂芬的眼神，我很清楚他俩的爱是相互的，而且她爱他有着正当的理由。史蒂芬似乎也有同样的感觉。黛安娜的精神状况有时不佳，但在史蒂芬家住的几年中，她的情况好多了。史蒂芬知道她有心理问题，但他仍然接纳了她，就像她接纳他一样。她一开始是史蒂芬的护理员，但她觉得他也是她的护理员。她喜欢他要求她握住他的手，要求她亲吻他的脸颊，或是要求她和他一起躺在床上。她喜欢和他一起去理发。她喜欢带他去温波尔家农场看喂猪的场面。他对宇宙学着迷，但也对猪着迷。戴安娜认为，在他的祖先当中，有人可能是养猪的。她应该知道：在史蒂芬生命的这一刻，她比任何人都更了解他。

我的酒快喝完了。一杯干邑下肚，我感到身上暖暖的，很舒服。我喜欢干邑带来的刺激感和放松感。在史蒂芬家，我感觉很自在，这一点也让我很喜欢。我还喜欢在这屋子里感受到的爱。我还庆幸此刻我不用前往任何地方，因为此时此刻，不管远近，我是一丁点儿路都不想走。最重要的是，我们完成了这本书，这让我感觉棒极了。

但这种极致的欢欣也有不好的一面。看着史蒂芬沉浸在音乐中，我意识到这是我生命中一个时期的结束，在接下来的几年里我不可能如此经常地见到他了。这几年来，我和史蒂芬走得很近，但我们什么时候会再次相遇？我们在一条战壕里奋战了多年，写了两本书，我们争论，合作，一起用餐，一起思考，但是，自此以后，我们之间的友情会消失吗，就像他和他的前任之间的爱情一样？当然，他每年还会去加州理工学院，另外我偶尔仍会来英国，但在过去几年的紧密联系之后，以后匆匆见面的场景就很难让人激动了。

想到这些，我心里很难过。好不容易完成了这么重要的工作，我的喜悦为何如此的短暂，为何要为未来而伤怀？我觉得我需要再来一杯，但餐厅的桌子似乎离得太远了，此刻我无力起身走过去。于是我靠在椅子背上，和史蒂芬一起专注地欣赏戴安娜的演奏。如今回想起来，当时我真该问问她弹的是什么曲子。

后　记

　　2010年9月，班坦图书公司出版了《大设计》。插画家最终也没有修改那根过长的吸管，但这也没什么关系。9月2号早上，我正陪女儿奥利维亚去上学，这时手机响了，是朱迪思打来的，她的声音很激动。"列纳德！"她大叫了一声。"你得来帮帮我们！"我不知道她在说什么。

　　"你没看《泰晤士报》吗？"她问道。

　　"哪个时报？"我问道，"嗯，我刚看了《纽约时报》。"

　　"不是《纽约时报》，"她大声说，"是《泰晤士报》！你没看吗？"

　　"朱迪思，这里是美国，没有人看《泰晤士报》。"我说道。

　　"那好吧，你上网搜一下，看看今天《泰晤士报》的标题！标题竟然是'霍金认为，宇宙不是上帝所创。'这下可引起了轰动！"

　　"标题那么说不对，"我说，"我们在书里说的是，上帝不是创造宇宙所必需的，但并没有说物理学证明了上帝没有创造宇宙。"

　　"嗯，反正媒体都在铺天盖地地报道这件事，可是史蒂芬应付不过来。我们需要你帮一下忙! 你需要接受几个采访。"

于是乎，采访就这样开始了。我们知道这本书会受到关注，但从未预料会受到这么大的关注。

当娱乐体育节目电视网（ESPN）和《男性健康》之类的杂志都开始谈论起一本物理书时，你就知道这本书的读者群有多广泛了。

《大设计》显然是激发了人们的想象力，使其非常畅销，尽管大多数读者的反应是积极的，但我们也遭到了一些人的强烈谴责。这部分读者显然是不满我们对创世的看法，受到了刺激，其中一些人还对我们进行了人身攻击。攻击者中，很多人对史蒂芬的为人一无所知，却自以为了解他的动机。他们指控史蒂芬利用他身体的残疾作为营销工具，并试图通过攻击上帝来获利。面对这些诛心之论，史蒂芬只是一笑置之。在我看来，如果对这些批评和攻击打个1到10的分数，那些人身攻击的得分都非常低。

• • •

2013年，史蒂芬向戴安娜求婚。她早已搬出了他住的房子，但他们仍然像以前一样亲密。他是在一天晚饭后求婚的。史蒂芬先是说："我无法单膝跪地。"然后他说，他爱她，并问她愿不愿意做他的妻子。不久之后，在她生日那天，他们一起去珠宝店选了一枚戒指，然后去一家餐馆吃晚饭庆祝。

但是最终他们并没有结婚。史蒂芬渴望能有戴安娜的陪伴，但是事实证明，他更看重家庭的和谐，而他的孩子们似乎无法接受戴安娜，他们担心戴安娜跟他结婚只是为了他的钱。我不同意他的孩子们的这种看法，但我也知道，他们这么做是出于对他的爱。

当年史蒂芬和伊莱恩结婚时，在他的几个孩子中，只有住在西雅图的儿子罗伯特参加了婚礼。

在婚后的那些年里，伊莱恩和史蒂芬的另外两个孩子之间的关系一直很紧张，而那两个孩子都住在附近。这种紧张关系有时使家庭聚会变得气氛尴尬，这使伊莱恩和史蒂芬都感到不愉快。史蒂芬不想再重蹈覆辙，所以他撤回了向戴安娜的求婚。对此她伤心欲绝，但他们仍然是亲密的朋友。他让她保留那枚一起订的戒指。至今，她还留着它。

• • •

随着时间的推移，关于《大设计》这本书的骚动逐渐平息了。令人感喟的是，与此同时，我和史蒂芬的联系也渐渐少了。正如我所担心的那样，随着岁月的流逝，我们很难维系那份友情。他的计算机助理山姆离开了，他最年长、最忠诚的护理员琼去世了，朱迪思也退休了。史蒂芬的新私人助理我一个都不认识，所以，对我来说，关于他的重要的消息和通信来源就消失了。史蒂芬和我偶尔会发发邮件，但有几次我去英国的时候，他都不在，所以我只有在他每年来加州理工学院的时候才会见到他。2013年之后，甚至那些活动都停止了，因为他的健康状况变得更差了。

我最后一次拜访史蒂芬，是去他在帕萨迪纳住的地方，在那里和基普以及其他一些朋友共度了一个星期天。其中一位来访者是前宇航员巴兹·奥尔德林，他是第二个踏上月球的人。那是一个慵懒的下午，我们吃了点东西，闲聊了很长时间。史蒂芬的交流速度到那时已经减慢到每分钟不到一个词。其结果是，即使是简单的句子，也需要5到10分钟才能完成。但史蒂芬仍然可以微笑或发怒。就是借助这样的形式，在我们最后一次见面的那个下午，我们竟然谈了20多个问题。但对话并不是只在我们两人之间进行的。在谈话的某个节点，我们（主要是我）回忆起我们一起撰写《大设计》的经历。然后我的话题转到了他职业生涯上，我问他，在他众多的发现、成就和创造中，哪一项是他最满意的。过了几分钟，答案才出来。他的回答是："我的孩子们。"

• • •

这天，我正盯着电脑屏幕，突然屏幕上显示出一条新闻：史蒂芬·霍金去世了。他于2018年3月14日在位于华兹华斯格罗夫的家中去世。此前，我已经4年多没见过他了。基普最后一次见到他是在2017年11月，罗伯特·多诺万是在2017年12月。罗伯特说，当时史蒂芬看上去虽然病得不是特别厉害，但他似乎已经知道，自己将不久于人世。他聘请了一位律师来处理他的身后事。

我原以为会在史蒂芬的葬礼上见到戴安娜，但是她没到场。事后我才知道，她并没有被列在家庭的宾客名单上。几个月后史蒂芬下葬，她也没有到场。那天早上，她的确是去了葬礼的举办地——威斯敏斯特教堂。她很早就到了，并参

229

加了在7: 30举行的晨祷。这是一项公开活动，而且跟往常一样，有几十名忠实的信徒参加。葬礼在几小时后举行，有上千人参加。那时已经有警卫、武装警察和各种各样的官员在那里接待获邀的宾客，并把未被邀请的人拒之门外。

这一次，戴安娜仍然不在宾客名单上，所以她被禁止进入。她向其中一名官员提出了申诉，但那人也拒绝让她入内。"我们必须保持葬礼的严肃性。"他说。就这样，她跟外面聚集的人群一样，被隔离在教堂外面。她感觉自己被淹没在一片陌生人的海洋里，而这些人中，没有一个人能一连几个小时给史蒂芬读书，或是替他擦拭额头上的汗珠，戴上他给的订婚戒指，或是抱着他，安顿他躺到床上。她努力地听着教堂里传来的微弱的声音，她感到自己的悲伤与一种强烈的被人拒绝的感觉交织在一起。

葬礼结束后，人群散去，但戴安娜留在原地，久久不愿离去。史蒂芬的朋友尼尔·图洛克走出教堂时看见了她。他走过去，替她跟保安说了说情，然后和她一起走进了教堂。在向史蒂芬的遗体告别时，她不禁掩面而泣。

像史蒂芬的其他情人一样，戴安娜是一个有着坚定信仰的女人。他曾经告诉她："宗教是为那些害怕黑暗的人准备的。"他没有冒犯她的意思，而只是在调皮。她当时回答说，每个人都怕黑。他接受了这个说法，至少是在某种近似的程度上。他死后，她从自己的信仰中得到了安慰。"我必须相信我还能再见到他，"她说，"我无法相信宇宙之外没有任何东西。宇宙不可能这么残酷。我期待着有朝一日能和他重逢，无论是在哪里。"

· · ·

　　人们有时会问我，对于史蒂芬来说，似乎每时每刻死亡都近在咫尺，但这么多年来，他是如何在这场看似绝望的战斗中获胜的？我回答说，信仰是他最强大的武器。他可能不信上帝，但他相信自己。他相信，当他每晚上床睡觉时，他会在次日的早晨醒来。他相信，每次进医院，他还会活着出来，而且不管医生怎么嘱咐，他仍然可以去世界各地旅行、讲学，并且活下来。他相信，那些爱他的人所爱的是他这个人，而不是他的金钱或名声。他相信，只要他继续活下去，他每天获得的回报，将抵消并超过他每晚必须忍受的无休止的痛苦睡眠的惩罚，以及被迫让别人用勺子喂他吃饭，或是给他洗澡的羞耻感。

　　史蒂芬去世后，我翻出那些我们曾经一起度过的时光中保存下来的资料——旧笔记、打印出来的章节草稿，上面还有史蒂芬给我的评论。我偶然发现，这些东西里面还有一份他寄给我的康复贺卡，那是我有一次住院，在与死神擦肩而过之后他寄给我的。我想起了他给我的关心，想到他不得不经常遭遇同样具有威胁性的风暴，而且他都承受了下来，我就感到自己也有了面对死神的勇气。

　　我怀念史蒂芬。我们一起经历了很多，这些经历也重新塑造了我。我们从未谈论过他的人生哲学。但是，在了解了他，并和他共同经历了他生活的一段时期之后，让我对自己的希望和梦想更加有信心，让我相信，尽管艰难困苦将不可避免地降临在我前进的道路上，就像我们每个人都遭遇的一样，我也有能力实现这些希望和梦想。人们常常画地为牢，对自己的目标退而求其次，如此一来，就限制了自己成功的机会。史蒂芬从来都不这样。甚至，他每天都要去办公室上班，这种榜样做法也影响了我。这让我对自己生活中遇到的问题变得更加宽容，并且对生命中所有美好的事物更加怀有感恩之情，无论它们多么微不足道。

我们可以适应任何事情，而且，尽管我们可能无法事事如意，但仍然会成就自己的一番事业，至少会比我们认为自己能够做到的多得多。成为史蒂芬的好友，让我更好地认识到了这一点，并且认识到，我们不必非得等到自己患了不治之症，才去幡然醒悟，意识到只要一息尚存，就要充分过好我们在世的每一刻，每一天。正因如此，我仍在继续研究物理学，继续笔耕不辍。

很多没有近距离接触过史蒂芬的人以为，对于史蒂芬来说，似乎活着就意味着攀登科学的珠穆朗玛峰。但是，在我了解了他之后，我突然意识到，他本人就是珠穆朗玛峰。他是一个无法行动的巨人，时间的流逝无法动摇他，大自然掀起的最猛烈的风暴也无法摧折他。

我知道时间最终会杀死我们所有人，但是看着史蒂芬在他的生命中所展示的力量，让我觉得他甚至能掌控自己死亡的时间。在听到史蒂芬去世的消息时，我坚信，死亡并没有压倒史蒂芬，只是他决定此刻不再抵抗死亡的攻击。他做了足够多的事，看到了足够多的东西，度过了有朋友、有家人、有情爱、有物理学的美好一生。他找寻到了生命的意义，甚至在自己遭受的苦难中找到了生命的意义，这激励他去帮助那些有类似需求的人。最后，他跟世人道别，当他的疾病再次袭来时，他放下武器，安息了。

资料来源说明

本书基于个人经历创作。此外，我对史蒂芬的15位密友、护理员和同事进行了访谈，每次访谈时长从90分钟到8小时不等。这些人包括：山姆·布莱克本（Sam Blackburn）、伯纳德·卡尔（Bernard Carr）、朱迪思·克罗斯戴尔（Judith Croasdell）、罗伯特·多诺万（Robert Donovan）、戴安娜·芬（Diana Finn）、彼得·古扎尔迪（Peter Guzzardi）、詹姆斯·哈特尔（James Hartle）、伊莱恩·霍金（Elaine Hawking）、唐·佩奇（Don Page）、马丁·里斯（Martin Rees）、维维安·里彻（Vivian Richer）、埃哈德·塞勒（Erhard Seiler）、基普·索恩（Kip Thorne）、尼尔·图洛克（Neil Turok）和拉德卡·威斯纳科娃（Radka Visnakova）。

我还从两本传记中提取了一些背景资料：凯蒂·弗格森著的《史蒂芬·霍金的生平与研究》（*Stephen Haw King: His Life and Work*, London: Transworld, 2011），以及迈克尔·怀特和约翰·格里宾著的《史蒂芬·霍金：科学人生》（*Stephen Hawking: A Life in Science*, New York: Pegasus, 2016）。为了了解史蒂芬在20世纪七八十年代的一些生活细节，我参考了简·霍金所著的《移动星星的音乐》(*Music to Move the Stars*, London: Pan, 2000)和基普·索恩所著的《黑洞和时间弯曲》(*Black Holes and Time Warps*, New York: Norton, 1994)。此外，我还参考了戴维·H.艾布拉姆森(David H. Abramson)所写的"救治史蒂芬·霍金"，载于《哈佛杂志》[*Harvard Magazine* (May 2018, 2004];以及伯纳德·卡尔的"忆一位特立独行的朋友——史蒂芬·霍金"[*Paradigm Explorer* (2018/1), 9–13]，一般情况下，我只把这些参考资料作为背景资料，或者用来查找事实，或者作为引用史蒂芬说过的话的来源。

致　谢

在史蒂芬去世之前和之后的几年里，不管是谁提议让我写一份他的传记，我都立刻回绝。关于他的书籍和文章可以说已经是汗牛充栋，我不想重提那些作品中已经描述过的事情。后来有一天，经纪人苏珊·金斯伯格告诉我，我的编辑爱德华·卡斯特梅耶想和我讨论一下这个问题。此前我已经拒绝了好几家出版商的邀约，而且也打算拒绝这一家，但是爱德华打来电话，问我是否愿意写一本有关霍金的回忆录，这有些出乎我的意料。尽管我对于写一下我俩私人之间的交往这个想法很有兴趣，但是我担心读者不一定会感兴趣。然而，既然他有这个想法，想要出版这么一本书，哪怕他的判断有误，我也非常愿意写这么一本书。所以从那时开始，我们就动手干了起来。我非常感谢爱德华和苏珊，不仅因为他们对这个项目满怀信心，而且因为他们帮助我形成了这个项目的愿景。另外就是在这个项目的实施过程中，他们给了我出色的指导。此外要感谢我的妻子唐娜·斯科特，她担当了家庭编辑的角色，而且她提出的意见和专业编辑人员一样尖锐。

我还要感谢我的一些朋友和同事，他们对这本书的专业内容部分进行了审阅。理论物理学优雅美丽，但同时困难重重，只有充满激情的人才能涉足其中，不然的话，你很难鼓起勇气，保持强大的毅力并付出必要的耐心。因此，我要感谢托德·布朗（Todd Brun）、丹尼尔·肯尼菲克（Daniel Kennefick）、唐·佩奇（Don Page）、桑弗德·珀尔利斯（Sanford Perliss）、埃哈德·塞勒（Erhard Seiler）、基普·索恩（Kip Thorne）和尼尔·图洛克（Neil Turok），他们都有繁忙的研究工作，但都拨冗回复我。另外，一些朋友就手稿对人物的描写提供了建议，他们包括：罗伯·伯格（Rob Berg）、凯瑟琳·布拉德肖（Catherine Bradshaw）、朱迪思·克罗斯戴尔（Judith Croasdell）、卡西安娜·爱奥尼塔（Casiana Ionita）、内森·L.金（Nathan L. King）、赛利亚·米兰（Ceclia Milan）、阿列克谢·蒙洛迪诺（Alexei Mlodinow）、尼科莱·蒙洛迪诺（Nicolai Mlodinow）、斯坦利·奥罗佩萨（Stanley Oropesa）、贝丝·拉什鲍姆（Beth Rashbaum）、弗莱德·罗斯（Fred Rose）、朱莉·赛瑞斯（Julie Sayres）、佩吉·布罗斯·史密斯（Peggy Boulos Smith）、马丁·J.史密斯（Martin J. Smith）、安德鲁·韦伯（Andrew Weber）和玛丽安娜·扎哈尔（Mariana Zahar）。更重要的是，我要感谢史蒂芬·霍金，感谢他选择和我一起工作，感谢他这些年带给我的温暖和友谊。他的去世在他所有的朋友的生活中留下了一个黑洞。

图书在版编目（CIP）数据

史蒂芬·霍金: 友谊与物理学的回忆 /（美）列纳德·蒙洛迪诺著；
　　徐彬译 . — 长沙: 湖南科学技术出版社，2021.12
　　书名原文：Stephen Hawking: A Memoir of Friendship and Physics
　　ISBN 978-7-5710-1254-0

Ⅰ . ①史…　Ⅱ . ①列…　②徐…　Ⅲ . ①霍金 (Hawking, Stephen 1942-2018) −
传记 Ⅳ . ① K835.616.14

中国版本图书馆 CIP 数据核字（2021）第 215096 号

SHIDIFEN · HUOJIN: YOUYI YU WULIXUE DE HUIYI
史蒂芬·霍金: 友谊与物理学的回忆

著者
[美] 列纳德·蒙洛迪诺

译者
徐彬

出版人
潘晓山

策划编辑
孙桂均

责任编辑
吴炜　李蓓　杨波

营销编辑
吴诗

出版发行
湖南科学技术出版社

社址
长沙市芙蓉中路 416 号泊富
国际金融中心 40 楼
http://www.hnstp.com

湖南科学技术出版社
天猫旗舰店网址：
http://hnkjcbs.tmall.com

印刷
湖南天闻新华印务有限公司
（印装质量问题请直接与本厂联系）

厂址
湖南望城·湖南出版科技园

邮编
410219

版次
2021 年 12 月第 1 版

印次
2021 年 12 月第 1 次印刷

开本
880mm × 1230mm　1/32

印张
7.75

字数
168 千字

书号
ISBN 978-7-5710-1254-0

定价
88.00 元